我在日本的24hr

陳威臣｜著

好評推薦／

我記憶中最早的「日本閱讀」，便是來自具有記者身分的楊乃藩先生。相較於一般遊客或旅人眼光的遊記或散文，駐地記者的觀點，總是特別獨到且深入；很高興隔了多年之後，能夠再讀到一本以記者眼光看日本社會的著作。更不用說，威臣的工作、興趣與生活，常常是我羨慕的對象，更是知心的朋友。

——《旅飯》創辦人暨旅行長　**工頭堅**

鐵道迷的痴狂精神＋家庭主夫的日常體驗＋政治工作者的敏銳觀察，下次到日本旅遊時，別忘了帶上這本深入日本人二十四小時生活、兼具知識性與實用價值的生動日誌。

——《報導者》創辦人兼執行長　**何榮幸**

我很喜歡看威臣的日本觀察文章（因此邀請他寫過專欄），他熟悉政治經濟，熱愛歷史與文化（尤其是鐵道！），更是認真在日常生活中過日子的男子，所以看他從早餐和市場寫到天皇，真的是很過癮！

——《VERSE》創辦人暨總編輯　**張鐵志**

序／

桃園市長　鄭文燦

桃園市與日本的加賀市、千葉縣、成田市、宮崎縣締結為姊妹城市，彼此的交流往來非常密切，我也多次受邀出訪日本，日本對我而言是相當熟悉的國家。所以當我讀到威臣的文章，那些對日本敏銳而深入的觀察，讀起來非常有趣。

威臣從常民的觀點出發，循著日常生活的細節，帶我們走入日本社會文化脈絡，讓人了解原來日本社會中一些小環節，都有其歷史底蘊。許多以前沒有注意到的地方，經過威臣的解說，才恍然大悟箇中的奧妙。

威臣不只是旅居日本的家庭主夫，也是一位資深政治工作者，所以他不但擅長制度的梳理，也充滿人性的關懷，他就像在軌道錯綜複雜的東京車站中，親切地為你解說引導的站務員，條理分明又讓人倍感溫暖。

讓我們一起跟著威臣，看見更深刻的日本。

序／愈了解，愈相愛

作家　瞿欣怡

認識威臣學長是在讀文化大學時，他是「台灣文化研究社」的學長，熱愛攝影與鐵道，有很豐富的知識，對學弟妹相當親切，我們有不懂的事情，都會問他。

這樣的情誼延續到大學畢業後，我也很愛問他對政治時事的看法。等到威臣學長移居日本後，我更是常常請教他日本旅行的問題。連在日本買了昂貴的麝香葡萄，看不懂包裝上的日文，也會厚顏無恥拍照問學長：「這一行字是什麼意思？」學長回：「意思是這葡萄可以連皮吃喔！」

這幾年我因為愛上日本的寶塚歌劇團，不只去日本的次數變多，對日本的心情更加不同。以前只是喜歡看日劇、去日本玩，現在更想親近日本，好好認識日本的一切。

感謝威臣學長寫了這本《我在日本的24 hr：街頭巷尾的常民生活日誌》，書中對日本生活的許多細節有很多介紹，雖然是常民生活日誌，卻充滿各種日本的歷史。

這本書從飲食講起，台灣人對日本的飲食文化並不陌生，除了曾經的殖民統治外，我們看著日劇男女主角出門前在家吃早餐、中午在公司附近喝茶吃飯糰、晚餐後在居酒屋喝酒……。威臣學長寫出這些熟悉場景背後，我們所不知道的日本文化。

一旦翻閱這本書，就很難停下來，每一個章節裡的歷史故事都那麼有趣。女孩們最愛用的「花王Kao」，是日本最早生產洗面皂的品牌，日文「臉」的發音就是「Kao」，才以此命名；日本長跑之父金栗四三，培養許多日本長跑好手，然而，他同時也是世界「最慢完賽的馬拉松紀錄保持人」。因為種種原因，他一共跑了五十四年八個月六天五個小時又三十二分鐘，這我不能破梗，大家得買書來看才行！

書中除了歷史典故外，還有很多動人故事。比如我最喜歡在歲末去日本，除了可以在新年折扣季大買特買外，還可以欣賞美麗的冬季燈海。威臣學長除了寫燈海的由來與沿革，還說了一些故事：東京表參道想要做冬夜燈海時，曾經去仙台求教；三一一海嘯後，仙台港存放的ＬＥＤ燈都毀壞了，表參道商店家特別支援六萬支ＬＥＤ燈，不讓仙台的冬日夜晚孤單淒涼，每一盞燦爛燈火，都是表參道的心意。

日本，我們熱愛又崇敬的國家，有漫長的歷史，與意味深長的故事。儘管這兩年被疫情阻隔，兩國人民依然對彼此送出深深的想念，台日友好的情誼不會被任何災難阻斷。

慎重地跟大家推薦陳威臣《我在日本的24 hr：街頭巷尾的常民生活日誌》，無法出國時，先透過讀書來更認識日本。等到可以自由去日本時，對它的了解會更多，愛就更深刻。

目次／

日本人的吃·喝·玩·樂

日本限定!!節慶·祭典

前言／

日本，一個令人嚮往的國度。雖說過去曾統治台灣五十年，老一輩台灣人或懷有複雜情感，但戰後日本的發展，包括優良的產品、美麗的風光、無限的創意，都讓長年受到日本文化薰陶的我們，對日本有種美好的想像。

我也曾幻想長住日本，大學便開始自修日文，加上自己是個鐵道迷，在那個還沒有網路的一九九〇年代前半，常到紀伊國屋書店、永漢書局或是鴻儒堂等書店，用有限的日文努力讀著日文雜誌，盡可能吸收資訊，才能一知半解的窺探這個國家。

當兵退伍後，相信許多人跟我一樣，第一次的海外旅遊就獻給日本，還挑了最有名的京都——終於踏上了這個讓我魂牽夢縈之地！當下內心的悸動真是無法言語。多年來，雖然也去過其他國家，但日本始終是我的首選，除了因為自己會一點日文，更因為這裡有著拍不完的火車，這對鐵道迷而言是非常重要的事。

曾有一位好友說，他每次只要心情煩躁，手臂痠痛，就上網買張機票去日本，即便只有三四天都行，病痛馬上就好。他對此有句名言，叫做「後推療法」。或許日本對我來說，也是後推療法吧！至少在我搬到日本之前是如此，但人生就是這麼有趣，雖然曾經來過日本三十幾次，但這輩子從沒想過自己居然有機會搬到日本長住。過去雖從未曾想過，但的確是發生了。我來到日本，而且是住在東京這個世界級大都會。對於曾經在政治圈工作近二十年的我來說，渴望貼身觀察一直是擺脫不掉的職業病，長住的這段時間，讓我對日本這個國家、這個民族、這個社會，有了更全然不同的認知。

在日本的我，首先是個家庭主夫，馬上面臨到的就是得跟日本媽媽們一起搶菜，每天晚上還得絞盡腦汁，想著要煮什麼給愛妻吃，順便做「愛夫」便當。同時，我還有個身分是台灣媒體的特約記者，必須時時觀察日本政經社會，於是曾為政治人的我不免開始推敲思考，為何日本人遇到某些狀況會如此反應、如此行動。另一方面，當我恢復成一個單純鐵道迷的角色時，偶而也會不自覺的思考，為何台灣的鐵道沒能像日本這麼高效率。

認真想想，看似離我們很近的日本，其實我們並不真的了解。這個國家百餘年來的發展，以及他們扛著二戰後的殘破，在短短十數年翻身一躍成為亞洲第一強國，這些光榮的歷史也同時意味著，現代日本人背負先祖默默努力的過往以及不能輸的未來，這種強大的社會制約，某種程度上也讓日本人活得很痛苦。

這個民族的自律展現在各方面，尤其是面臨災害時，全世界都讚歎日本人，面對苦難絲毫看不到他們哭天搶地，領取物資時仍能維持可怕的秩序。但日本人沒有情緒嗎？當然有，只是他們不會呈現在你面前。

我曾與非常熟的日本朋友因故吵架，當時自己感到莫名其妙；也曾遇過日本朋友突然聊起自己的感情，這都讓身為台灣人的我有點詫異。但住在日本之後，相處久了，才明瞭原來日本人願意接納你，把你當朋友，才會在你面前顯露出自己本來的面目，也難怪日本人有所謂的「本音」與「建前」[1]之分了。

許多許多的問題，尚未赴日長住的我雖然想過，但從未認真思考，畢竟我們不是生活在這個社會，只是過境的候鳥，來玩一玩，享受一下日本人所謂「おもてなし」[2]的服務罷了。直到自己真的長住日本，這一切變得攸關自身，才發現原來真正的日本人，我們並不那麼了解。

身處日本社會，所見所聞，雖與想像中不同，但台灣人與日本人若能彼此真正了解，才是雙方得以深化關係、長期互助的基石，而這也是我為何著手寫這本書的初衷。

1 「本音」：自己內心的真心話；「建前」：對外表面的言語，由於日本人自古以來的文化，就是不顯現自己的內心想法，因此有所謂的建前與本音的差別。

2 おもてなし：意即最高敬意的款待。

這本書並非指導手冊，只是個人在日本的生活經驗談，況且日本各地的習慣不盡相同，無法面面俱到，但仍希望可以讓大家了解在日本生活的有趣之處，並能從中一窺日本人的日常。或許下次您再來日本，會有更多令人驚奇的發現！

日本人的一天

一日三餐．上下班．擠電車．
超市採買．倒垃圾．防災演習……
從早到晚，食衣住行，跟著日本人過一天！

晨起，朝食

很多朋友一去日本旅遊，就會在網路上秀出豐盛早餐，就連台灣人超愛的連鎖商務飯店「東橫ＩＮＮ」的招牌飯糰，也常出現在臉書河道上，彷彿日本的早餐就是讚！——不過很多人都不曉得：日本人其實不太在外面吃早餐的！

日本跟台灣的早餐文化大不同，眼尖的朋友們或許發覺，日本街頭根本沒什麼早餐店，對比台灣的美×美、美×城等，不管是漢堡、蛋餅、煎餃鍋貼或是鐵板麵，天天都可以不一樣，到了中南部還有肉燥飯、肉圓肉羹或是炒麵等，可以說，台灣根本就是早餐天堂。

但這一切，在移居日本之後，就全成了幻影，只能在返台時回味台式早餐。也許很多人覺得奇怪，為何日本都沒有早餐專門店呢？那麼日本人又是怎麼解決早餐？這個台日間的習慣差異，的確相當有趣。

日本人的家庭習慣是一早出門前要先在家解決早餐。所以很多日本媽媽一大早就得起床，準備豐盛的早餐，讓老公小孩們吃飽吃好，才有精神外出工作、上學，即便是單身ＯＬ，也是在家中優雅的吃完早餐、喝完咖啡，才會美美的出門。

這樣的早餐習慣也與日本人的職場觀念有關。日本人認為職場是神聖的場域——怎麼可以在上班的地方吃吃喝喝？所以他們不太把早餐帶進辦公室，只要一踏進公司與校園，就是準備就緒，要開始上班上課了。我便常看到家門口外的便利商店，一早就有許多上班族買了飯糰或三明治，在店外匆匆吞進肚子，再速速前往公司上班。

日本社會的制約力很強大，當多數人的習慣如此，自然很少有人會違反這個潛規則，以免讓人白眼或被當成異類。也因此，外食族不多，受到市場侷限，商店供應早餐的選擇自然少很多。

在家吃「飯」

既然日本人那麼愛在家吃早餐，那他們到底都吃些什麼呢？傳統台灣人愛喝粥（中南部也有吃麵或飯的習慣），但日本人普遍是吃飯。沒錯，就是吃飯，喝粥可是生病的日本人才吃的！一般來說，傳統和食的早餐，大概不外乎煎魚（或煎魚干）、煎蛋、漬物、海苔佃煮[1]，再加上味噌湯。其中最具代表性的是漬物，漬物簡直可以說是日本人的心靈美食了。

1　佃煮：是一種日本傳統的烹調方式，食材以海產為主（例如海苔、昆布、海瓜子、小魚乾等），加入醬油與砂糖後，經過長時間的熬煮，讓調味料的味道完全滲透到食材當中，並且得以長時間儲存食用。

十分豪華的日式早餐，但通常只有飯店或是溫泉旅館才吃得到。

日本鮮少有所謂的早餐專門店，想在外面吃早餐，傳統的咖啡廳或是喫茶店是少數的選擇之一。

日式醬菜（漬物）是日本的飲食當中，不可或缺的一部分，因此超市都有相當豐富的各式醬菜可供選擇，也成為日本人早餐的重要配菜。

京都三大漬物之一千枚漬。

日本許多頗具歷史的城市，都有具當地特色的漬物，最有名的就是京都的「京漬物」。由於自中國及朝鮮傳來佛教後，受到其不殺生的教義所影響，古代的日本人不太食用獸肉，導致蔬果的需求量大增，但生鮮蔬果保存的時間有限，遂發展出獨特的醃漬技術，讓蔬果經過醃漬更加美味。

京都自古以來就是皇室的所在，京漬物是朝廷的美食，演變至今成為京都獨特的食文化之一，著名的京都三大漬物分別是千枚漬、酸莖（すぐき）與柴漬（しば漬け）[2]，都是許多觀光客必嚐的獨特風味。

點咖啡送麵包

當然現代也有許多作風洋派的日本人，即便吃飯配味噌湯，還會再加個荷包蛋、生菜沙拉、水煮火腿或香腸，和洋混合；或者在家烤土司吃麵包，也大有人在。

然而想在外頭吃早餐？如同本文一開頭所說的，選擇性還真的少之又少，除了麵包，絕大部分是立食烏龍或蕎麥麵、牛丼店的烤鮭魚定食、豆腐定食或是牛豬丼等，這些看起來根本是正餐的「早點」，另外在福島縣的喜多方，當地人甚至於把「喜多方拉麵」當成了早餐在吃。

此外像是麥當勞、肯德基與摩斯漢堡等速食店的早餐套餐，以及便利商店的飯糰或三明治，也是日本的上班族常買的外食早餐。有些咖啡廳則會提供當日現做的外帶三明治，順便再讓客人外帶咖啡（咖啡倒是可以帶進辦公室）。

上述外食選擇中，在咖啡廳吃早餐應該最為普遍。不過日本的大都市（尤其是東京）路上禁止吸煙，許多咖啡廳則是允許客人入內吸煙的，讓不吸菸的人感到困擾。因此部分大型連鎖咖啡廳便標榜禁止吸煙，並加碼推出「點咖啡送麵包」的服務。

所謂的「點咖啡送麵包」，就是在晨間時段（通常是早上十一點之前），入內點一杯咖啡，可享免費加點吐司，若選擇加點其他套餐也有折扣。日本的咖啡廳競爭激烈，藉此可吸引許多不想在家吃早餐的客人，顧客也覺得划算，這種雙贏的促銷型態是目前正夯的模式，去日本的朋友不妨試試！

2 京都三大漬物：千枚漬是以聖護院蕪菁切成細片，再與昆布一同醃漬而成；柴漬則是以夏天的野菜，加上剁碎的紫蘇葉與鹽巴一同醃漬；至於酸莖則是以酸莖菜（蕪菁的變種），以乳酸發酵醃漬，因此具有濃厚的酸味。這三種漬物已有相當長遠的歷史，成為京都的特色食文化。

源自名古屋的喫茶店

另外一個可以享用早餐的地方，就是喫茶店，目前全日本大約有六萬七千家喫茶店，從早開始就會提供西式餐點，像是三明治、沙拉、火腿熱狗等。最時興到喫茶店吃早餐的地方，就是中京地區的愛知縣與岐阜縣了，光是愛知縣的店家數就高達七千七百八十四家（二〇一六年統計資料），是日本排名第二多喫茶店的行政區（第一是大阪），而且年間支出金額也是名列前茅，可見當地人有多愛去喫茶店吃早餐，當地的喫茶店還會以豐富的早餐，作為吸引客人到訪的手段。

中京的喫茶店會提供厚燒三明治。

名古屋的連鎖喫茶店支留比亞。

超市的早餐大多販賣飯糰、三明治等。

有些咖啡廳推出早上點一杯咖啡送吐司，或是餐點優惠。

現代的日本洋式早餐，主要以麵包、沙拉、煎火腿與炒蛋居多。

一般來說，中京地區的知名喫茶店包括客美多（Komeda）、支留比亞（SHIRUBIA）、阿拉丁、KONPARU 等，由於菜單種類豐富，除了一般的洋食早餐之外，還有味噌炸豬排三明治、炸蝦三明治、厚燒蛋三明治等獨特的餐點，且咖啡價位比起一般咖啡廳來得實惠，因此頗受當地居民的喜愛，甚至於有當地民眾將喫茶店奉為是名古屋食文化的王者，也讓中京地區的早餐文化廣為人知，進而影響日本其他地方。

另一個風行喫茶店的地方，則是位於四國的高知縣，平均每千人擁有一・五六家喫茶店，比起全國平均的〇・五五家，可以說是高上許多，會如此是因為高知的職業婦女比例全國最高，將近五成，一方面早餐外食的人口較多（妻子早上要上班，沒空做早餐），另一方面則是許多婦女直接把自家一樓改成喫茶店經營，也提升了高知女性的就業率，也算是吃早餐之外的產物吧。

日本人雖然不常在外吃早餐，但奇怪的是，早午餐文化卻相對蓬勃。原因是日本的雙薪家庭並不像台灣那麼多，日本太太在丈夫和小孩吃完早餐出門後，洗衣服、打掃、做完家事，差不多也十點多了，接下來的空閒時間，就是主婦們約著媽媽友（ママ友），一起吃早午餐，喝咖啡聊是非的放鬆時間。

另外日本的年金制度完備，許多退休族群賦閒在家，多少也會帶著報紙進咖啡廳，悠閒享受早午餐。東京、大阪等都會區的大城市，就有很多咖啡廳會提供早午餐，這可是日本早餐文化的特例。

風靡一時的台式早餐

相較之下，台灣獨特的「朝食文化」，可是讓日本人相當羨慕。許多日本的電視節目只要製播與台灣相關的內容，必定介紹台灣的美味早餐，甚至還有「來台必吃五大早餐」的介紹；最近在東京五反田新開了一家「東京豆漿生活」，居然也大排長龍，可見早餐店對日本人而言，的確是個新奇的體驗。

不過，既然台式早餐這麼受歡迎，如果在日本開一家美×美應該很不賴吧？答案應該是「不太可能」！我想除非日本人改變習慣與潛規則，否則日本人的外賣早餐應該還是只有那幾種，但至少台式早餐或許能夠成為日本的一股異國風潮！

日本的台灣早餐店販售鹹豆漿、蘿蔔絲餅與台式飯糰等早點，讓旅居日本的台灣人能夠一嚐家鄉味。

台式早餐最近在日本爆紅，位於五反田的台灣早餐店「東京豆漿生活」，天天都大排長龍。

擠電車上班去

在家一吃完早餐，日本人就準備去上班了，但從踏出家門到進入辦公室前，得要經歷一段可怕的戰爭，這場仗的時間可長可短，但一樣痛苦，那就是「擠電車」。

自從台北捷運的路網成形後，擠電車這個行為，就離台北人沒那麼遙遠，尤其是跨年時，數十萬人在看完台北一〇一的煙火後，全湧進捷運站，也讓北捷的員工們各個繃緊神經，深怕有個閃失。但說句實話，台灣擠電車的場景，如果來跟東京相比，根本是小巫見大巫，台北只擠一天，但東京可是得要天天擠。

屬於東京都內十大擁擠路線之一的京濱東北線，時常可見人潮塞到爆的風景。

雖然來到東京生活，因工作的關係，要擠電車的機會並不多，但出門必搭的京濱東北線，是號稱東京十大壅塞路線之一，這可就折騰人了。而且只要有個狀況，車站的人潮必定湧到站外，可以說，在東京生活必備的第一技能，就是擠電車了。

就以東京所在的首都圈來說，這個全世界最大規模的都會區，包含東京都、神奈川縣、千葉縣、埼玉縣、山梨縣、茨城縣、栃木縣與群馬縣等一都七縣，總人口高達四千四百萬人，每天從首都附近的衛星都市搭乘電車進東京上班上學的人口，超過五百一十四萬人，幾乎是兩個台北市的人口數。

這麼多的通勤族，也造就了首都圈龐大的鐵道交通路網，不管是JR或是私鐵，總計三十七家鐵道事業體，每天載客量多達四千四百萬人次，其中東日本旅客鐵道（JR東日本）肩負了一千六百四十萬人次，佔總人次的百分之三十七，是首都圈最大的鐵道公司。至於東京地下鐵與東京都營地下鐵兩家地下鐵事業，每天承載的人數則是一千萬人次；他的大手私鐵，則是每天七十萬人次到三百五十萬人次不等。這些數字也許大家無法想像，就以台灣的鐵道事業來相比，台北捷運所有的路線，一天運量大約是兩百零二萬人次，其實已經很高，但放在日本的首都圈，根本是小兒科了，連末端都排不上。日本都市令人咋舌的載運量，多集中在上下班的尖峰時刻，列車幾乎班班客滿。

雖然日本人對此逆來順受，該擠就擠，但過去也曾因為擠電車而發生暴動。一九七三年四月二十四日，當時的國鐵工會為了爭取勞動權益，發動罷工，最後導致列車脫班嚴重，在僧多粥少的情況下，大多數通勤旅客根本擠不上電車，導致數萬人砸毀東京各大車站。這段黑歷史直到今日，仍時常被拿來當成教案。

不過由於鐵道技術的進步，近年鐵道的行車與保安系統大幅提升，可以在有限的路線上塞進更多列車；而首都圈的鐵道事業體也為了提升運能，新型車輛的車內空間設計比之前更寬廣，列車班次也動輒由八輛、十輛，甚至十五輛編成，為的就是能運輸更多乘客。

但這樣就能滿足東京的通勤需求嗎？那可不，別忘了光是首都圈的一都三縣（東京都、神奈川縣、埼玉縣、千葉縣），就擁有近四千萬人，許多鐵道公司還持續在擁擠的東京想盡辦法拓寬路廊、增加路軌，藉以提升飽和的運輸容量。像是小田急電鐵，最近就急欲打通東北澤到世田谷代田的路廊，將現有的兩股道複線區間，改為四股道複複線區[1]間。

1　複線、複複線：所謂的「複線」指的是有兩條軌道，讓列車可以個別通行；「複複線」則有四條軌道，兩個方向各有兩軌，讓列車可以快慢分離，增加更多列車運轉的容量。

H50
EAST JAPAN RAILWAY COMPANY
JR

日本的鐵道系統相當發達，東京的鐵道線更是多如牛毛，多條路線列車一同出現的景象隨處可見（右起為中央線、京濱東北線、山手線）。

JR東日本也花了七年，在東北新幹線路線上方建設高架的上野東京線，串連東海道線與東北本線這兩大一南一北的大動脈，以解決京濱東北線與山手線搭乘人潮過多的狀況。上野東京線在二〇一五年完工通車後，確實減緩這個路段長期爆滿的人潮，讓JR東日本在首都圈的路網更加完備。

不過鐵道公司的這些努力，可以讓上班族從此不用擠電車了嗎？當然仍是不可能。這些建設充其量就是增加選擇，但可不表示可以舒適地搭火車，該擠的還是要擠。不得不說，日本的上班族相當令人敬佩，為了上班，他們不得不練就一身擠電車的功夫。試想，要你從新竹一路站到台北，而且還是在擠沙丁魚的狀態下，這有多痛苦啊！更何況每天都要重演一次。

通往繁華的軌道

日本這麼龐大的上班人潮，是戰後經濟高度成長伴隨而來的現象。一九五〇年代起，日本受惠於韓戰，大量的軍事需求投向緊鄰朝鮮半島的日本，帶動了景氣，讓日本快速擺脫戰敗的陰霾，整個國家開始蛻變，從殘破轉而欣欣向榮。

但景氣迅速復甦也有後遺症。像是人力不足，工廠缺工，因此必須向農村招手，希望剛畢業的年輕男女，能夠盡快投入就業市場。在這樣的時空背景下，大量的農村青年湧入都市，改變了人口結構，尤其是首都東京。

大量人力來到東京，讓市區擁擠不堪，但有人潮就有商機，許多私鐵公司把腦筋動

另一條東京的交通大動脈山手線，人潮壅擠的程度也是相當可怕

JR 東日本為了輸送龐大通勤人潮，
在東海道線所使用的 233 系電聯車，
共有 15 輛編成，可以搭載 2400 人。

若遇人身事故或天然災害，首都圈龐大的通勤人潮往往像這樣塞滿車站月台，東京車站則會立即啟動振替輸送，讓旅客得以改搭他社鐵道線。

小田急電鐵的複複線區間，可見到左側為快速線（快車）、右側則是緩行線（慢車）。

與首都圈重要車站共構的ATRE百貨店，是由JR東日本成立經營。

到廣大的武藏野臺地（東京古稱武藏國，因此武藏的郊外便稱為武藏野），以及東京都以外的縣。[2]

東京與橫濱兩大都市的通勤人潮眾多，除了當時的國鐵（現在的JR東日本），東急、京急等私鐵公司也都有開發串連兩大都市的路線。至於京王與小田急，則成為多摩台地的通勤主力。關東平原，就這樣遍佈了許多鐵道路線。

早年鐵道的主要功能就是把散佈在廣大鄉間的村落串連起來，通往東京；但戰後因東京湧出大量的居住需求，這些私鐵公司便開始收購、開發自家沿線的土地，郊區開始誕生大量的新市鎮。

私鐵公司的想法很簡單，新市鎮提供更大的房子、更舒適的環境、比都內更優惠的房價，吸引民眾定居；而鐵道公司則在新市鎮興建車站、超市、賣場、甚至是電影院等生活娛樂設施，並在重要車站興建自家的百貨公司，讓新市鎮的居民自成一個自給自足的生活圈。

鐵道公司包下食衣住行，民眾也樂得方便，於是我們在新宿可以到小田急百貨、京王百貨，在池袋則有東武與西武百貨，即便是JR東日本，還有國人相當熟悉的ATRE跟LUMINE，這種交通與購物結合，在東京甚至於全日本，都成了非常普遍的型態。

世界級的首都圈鐵道網

幾十年發展下來，現在在東京都二十三區工作的上班族，多住在郊區或是周邊的衛星都市，必須透過電車進東京。首都圈最大的鐵道系統是JR東日本（又簡稱JR線），承擔了首都圈近四成的運量，JR線除了山手線之外，其餘路線連接神奈川、千葉、埼玉、茨城等縣，都是重要幹線。

這些路線經過長年調整，採取「快慢分離」的經營方式，也就是說，單一路線分有快車和慢車。例如中央線和通往千葉的總武線，都分別有快速與緩行列車。另外埼京線（埼玉至東京）、湘南新宿線（高崎線或是宇都宮線經由新宿，連結神奈川或是橫須賀等線）、上野東京線（連結東北本線與東海道線）等，也有京濱東北線或是山手線等各站停車的平行路線。

這些快速的路線因為停站少，可以較早抵達目的地，但也因為它們的班次不像山手線、中央總武線（緩行）、京濱東北線等那麼密集，因此每一抵達，大家就努力往車上擠，深怕沒搭上要再等個五分鐘。

2 東京的私鐵公司各有勢力範圍，例如東武鐵道就是以東武藏野，西武鐵道則是西武藏野，連接東京到千葉成田一帶則為京成電鐵。

A

快慢分離與相互乘入運轉，讓東京的鐵道線更加便利，也常可見到不同鐵道公司的車輛，出現在同樣的軌道區間（照片左車為中央線快速，右側則是與中央緩行相互乘入的地下鐵東西線車輛）。

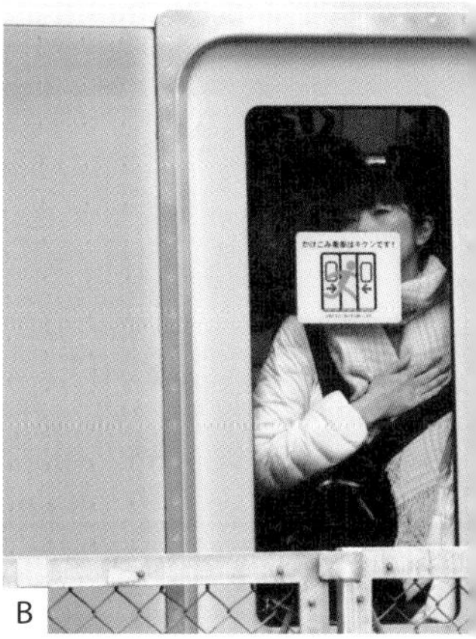

A,B　首都圈許多鐵道線人潮壅擠，擠不上車的狀況下，只得由站務員努力的把人塞進車廂內。

B

可別小看等車的這五分鐘，之前就曾發生連結筑波到秋葉原的筑波特快，就因為提早二十秒發車，擔心可能有人為此搭不上車而遲到，還上網公告道歉啟事。

遲到二十秒就要道歉，五分鐘確實很可能讓乘客趕不上轉乘的車，因而遲到被扣薪。不過首都圈的鐵道天天出狀況，所以一旦路線出狀況，站務員就會提供誤點證明（日文稱為「遲延證明書」），有的乾脆就放一盒在出口處，任隨你拿。一般上班族有此憑證，可免被扣薪。

全民擠電車運動

「擠電車」的文化最令人印象深刻的，莫過於像東京某些重要樞紐站配置的「專門把人塞進車廂的工作人員」，靠著他們的努力，電車門得以順利關閉，列車也才能啟動前往下一站，這樣的景象相信是許多台灣朋友百聞不如一見的。

這些擁擠的路線，也往往成為色狼的最愛。例如擁擠度高達百分之兩百的埼京線，過去就是相當有名的「痴漢電車」，許多ＯＬ都在埼京線上遇過性騷擾。由於太擠，完全無法動彈，一被盯上就很難脫身。不過近年由於增設了女性專用車廂，加上性別意識高漲，色狼只要一被逮到，往往引起公憤，因此最近「痴漢」情事少了許多。

日本人上下班擠電車成了全民運動，許多赴日旅遊的台灣人，大概或多或少都有困在車廂內，或是扛著大行李努力擠過人群而被白眼的經驗吧！擠電車雖然說來緊張刺激，但沒事還是不要在上下班時間跟著擠，早點出門比較不會痛苦。

二〇二〇年因為「嚴重特殊傳染性肺炎（COVID-19，俗稱新冠肺炎、武漢肺炎）的影響，導致日本的都會區鐵道系統搭乘人數變少，過去擠電車的特殊景象也不復在，即使在尖峰時刻也不若過去車廂裡塞滿的狀態，足見這個肺炎疫情改變了日本人的生活型態。

不過隨著社會陸續解封，疫苗的開發完成以及疫情控制，過往的擠電車盛況或許將會恢復，只是如此一來，人們又得回到痛苦的擠電車生活了！

B

A 過往日本的通勤客多會在列車上閱讀，這也是為何日本流行文庫本書籍的原因。

B 日本特殊的擠電車文化讓好色之徒有機可乘，鐵道公司都會張貼警告海報。

C 如今列車上幾乎都是智慧型手機的天下，與過去景象差別極大。

A

C

燃起主婦魂的超市購物

平常老婆大人上班去，我當家庭煮夫，不但打掃家裡，更負責家中採購的重責大任，幸運的是，住處附近幾乎可說是「超市激戰地」，超市購物成為我的最佳選擇。

也許會有朋友詢問，難道目前的日本，已經沒有類似台灣的傳統市場嗎？當然是有的，但大多在地方都市，或是早已轉變為觀光市場，像是北海道的函館朝市、京都的桝形市場或是錦市場、大阪的黑門市場、石川縣的輪島朝市等，

大阪的廚房之稱的黑門市場。

相信喜愛日本旅遊的朋友們，應該不陌生。

然而隨著時代發展，傳統市場在大都市已逐漸式微，尤其是東京，大部分的家庭都是去超市買菜。雖然偶而在下町巷弄的角落會有八百屋（就是青果店），或是商店街會有精肉店（肉販），不過繁華的工商社會，時間就是金錢，一般人買菜還是到超市，貨才齊全又省時。

以東京都內來說，大型連鎖超市有成城石井、伊藤洋華堂、西友、肉的花正（肉のハナマサ）、永旺AEON、ABAB赤札堂、信濃屋、丸正、文化堂等，如果加上周邊衛星都市的地區超市、小型連鎖超市以及百貨公司的超市等，加一加就有高達一百多個品牌，族繁不及備載，相當可觀。

每家超市各有擅場，提供與眾不同、物美價廉的商品。當然主婦主夫也是各憑本事，就是要買到最便宜，那種可怕的功力，相信看過黃金傳說的朋友們，都能略懂一二吧。

省荷包！超市採買祕訣

超市購物要有訣竅，才能幫家裡省錢。東京的超市雖然多，不過還是有分等級，價格的差異也反映在品質上，例如有些品牌的超市就是有錢人在逛的，有的是中產階級，有些是一般庶民，也有部分超市是旅日外籍人士的最愛。

此外，像是西友超市二〇〇五年成為美國大型超商沃爾瑪（Walmart）旗下的子公司（二〇二〇年十二月，沃爾瑪又將股票出售給日本大型電商樂天），所以西友的美國安格斯牛肉，就明顯比其他超市便宜。而肉的花正有款義大利進口的天然氣泡水，口感佳且價格相當便宜，一．五公升裝才日幣一百圓含稅，夏天一到幾乎被掃光。另有伊藤洋華堂，由於是日本最大物流商 7&i 集團旗下的超市，所以許多熟食與 7-11 便利店一起鋪貨，也獲得許多家庭的喜愛。

平常是這樣買，不過各家超市常有折扣，這也是主婦主夫省錢的秘方，例如阪急超市常有所謂的早市或是午市特賣，擺出來的價格只有平常的三分之二，偶爾還會送一盒草莓或是兩瓶飲料等小禮物，大家可是搶著排隊，深怕晚來就沒了。我曾剛好是最後一位拿到草莓的，就聽到後面的婆婆媽媽們歎道：「哎呀，怎麼沒有了」、「好想要那盒草莓啊！」、「不能再多送嗎？」聽得我萌生罪惡感，好像都是我的錯。

Panasonic
かき氷
A

SUPERMARKET 成城石井
Quality Meat
Merry Christmas
Merry Christmas
Merry Christmas
B

C

D

E

A 過去日本人買菜或是日用品，都是去商店街，然而時代演變，如今大多以超市為主。

B 日本知名連鎖超市「成城石井」。

C 每到特定的時節，日本的超市都會精心佈置，增加消費動力。

D 日本的超市也相當流行集點，常有三倍點數或是五倍點數等優惠。

E 由於豆芽菜成本低廉，因此常被超市業者拿來做便宜促銷活動。

而伊藤洋華堂日期逢八就是快樂日（Happy Day），只要刷他們家的信用卡，就享有百分之五的折扣優惠，加上該超市是所謂的綜合超市，除了生鮮，還有藥妝，買藥可少百分之十，折扣更高，比消費稅的百分之八[1]還多，讓我們這些沒能享受免稅服務的可憐人，能用更便宜的價格買到。

拚業績！商家促銷巧思

日本的主婦也很愛搜集各家超市的傳單，裡頭有許多剪一剪就可以特價購買的商品，尤其是豆芽菜經常一包一圓日幣，相信很多台灣朋友都看過「黃金傳說」，尤其「一萬日圓過一個月」的企畫更是有名，裡頭就常有藝人跑去超市搶購一圓豆芽菜吧。（為何是豆芽菜大特價？其實豆芽菜的生產成本不高，售價原本就低廉，通常一包二十幾元日幣，所以大特價對超市的營業額影響不大，反而能帶動顧客購買其他商品，自然就成為大特價的主要商品了，不過近年來這類一元特價的促銷活動已經很少見。）

當然超市的商品販賣一直都在進化，尤其擺設上更常別具巧思。例如日本人相當喜愛的維也納小香腸（ウインナー），在日本超市都是兩包一起販賣，原因是維也納小香腸只要一開封，賞味期限就很短，所以一定的份量特別再拆分成兩包，方便小家庭食用，而且兩包綁在一起，擺設時容易站立，也便於顧客挑選時一眼就能看到。

又好比優格大多是四盒連在一起，但為何布丁卻是三盒放在一起？原來這跟日本小家庭成員的作息有關。一般來說日本的家庭大多是爸媽加兩個小孩共四人，早上起床吃早餐順便吃優格，所以一次剛好買四人份，但吃布丁的時間大多是下午小孩放學回家，這時媽媽把布丁拿出來正好是三人份，爸爸晚上下班才回家就不用考慮了。

這些考量令人敬佩其細膩，也感到有趣，像是爸爸好可憐都吃不到布丁——不過爸爸卻有另一種享受，那就是回家吃晚餐時可以順便喝啤酒，這些啤酒罐還會隨著一年四季變化，春天櫻花朵朵，秋天就是紅葉意象，一邊買啤酒一邊感受到秋之將至的時令遞嬗。

吃的如此，包裝也有學問，像是家家戶戶必備的面紙，仔細看就會發現，都是五盒包裝，這也跟家庭主婦有關，原因是日本女性的身高大多是一百五十幾公分，而過去面紙一盒大概是高十五公分左右，五盒包裝的高度剛好日本女性手提時底部不會著地，這樣的包裝就從一九七〇年代承襲下來，即便現在因包裝技術進步，面紙盒較過去薄，不過仍維持五盒包裝的傳統，可見日本商品販賣重視細節，設計更具巧思。

1 二〇一九年，日本將消費税調整為食品百分之八、酒類及其他商品百分之十的複數税率。

超市業者常舉辦特賣會，由於價格實惠，吸引大批人潮。

時間接近賞味期限的食品，日本的超市都會半額販賣。

2020 年新冠肺炎疫情，民眾恐慌，導致超市內的生鮮商品全被一搶而空。

生薑燒

日本店家販售一人份的
生薑燒定食約 800-900 日圓左右，
自己煮，經濟又食惠！

作者私房經濟菜單（2 人份）

生薑燒

厚切豬肉片 300 克，398 日圓
高麗菜 1/4 切，50 日圓
小番茄等配菜，100 日圓
調味料等，30 日圓

味噌湯

豆腐 1/4 切，32 日圓
海帶芽、味噌，30 日圓
韓國泡菜，40 日圓

總額：680 日圓

日本超市販賣的維也納小香腸，通常都是兩包綁在一起。

日本的優格幾乎都是四人份包裝。

日本的布丁則大多是三人份包裝。

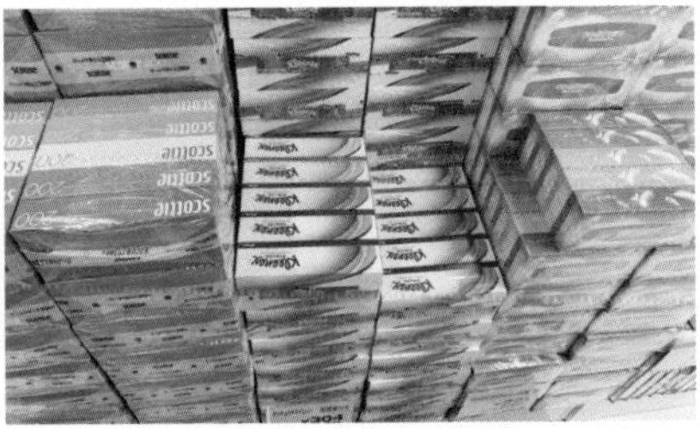

長期以來日本的抽取式衛生紙，都是五合一的包裝方式。

近年來由於日本的高齡者逐漸增加，也因此出現了「生協」這樣的組織，他們提供電話或是網路購物，每週送來厚厚一本目錄，勾選後會到府收取，隔一週就將選購的商品送達，讓老人家無須辛苦的外出購物，許多雙薪家庭也很適用。

整體而言，在日本如果不常外食，購物時精打細算，在家煮飯的成本並不會比台北高太多。關於省錢的訣竅，比起許多厲害的日本媽媽，我還得多多努力了。

好好丟垃圾

小時候去過日本的長輩總說，日本真的很乾淨；到了自己真的來到日本，才發現所言不虛，地上很少看見垃圾，尤其是鄉下地方。能夠如此，當然是日本人的公德心，加上完善的垃圾分類回收制度所致，但其實日本也不是一開始就這麼重視環境的。

日本人雖然重視整潔，但一九五〇年代，戰後經濟高度成長，人們追求利益的同時，道德與環境問題老早拋諸腦後，所以出現許多可怕的重金屬污染，都會高度成長也造成可怕的環境問題，大量垃圾無處可放，只得往海中丟，或是堆積出一座座的垃圾山，蚊蠅四處孳生，也成為社會問題。

幸好這個問題不久後獲得解決。由於日本取得一九六四年奧運主辦權，政府發現髒亂的環境不但會成為笑柄，也無法提升日本的國際地位，因此展開許多措施，包括龐大的交通建設、自來水與都市瓦斯普及，以及最重要的垃圾處理，並同時透過教育宣傳不亂丟垃圾，改變了市容。

東京奧運讓日本人重視環境清潔；五年後，一九六九年人類登陸月球，人們看到在黑暗的宇宙中，只有一顆湛藍的星球——那就是我們的家鄉「地球」。這樣的畫面震

位於池袋的豐島清掃工場，煙囪高達 210 公尺，在東京都內相當顯著。

撼人心，當時日本的國民所得已在全球名列前茅，許多有志之士開始呼籲應該重視環境，獲得諸多響應。

當然日本政府也花了很多心思，不但從教育著手，教導國民必須要重視環境，不能隨手亂丟垃圾，也開始推展垃圾分類，最後成為現行的垃圾分類制度。提到垃圾分類，相信大家並不陌生，因為台灣的垃圾分類已經很不錯，不但分類很細，並有回收廚餘，台北市還必須使用垃圾專用袋。不過即便是習慣垃圾分類的台灣人，看到龜毛的日本人那一套精密複雜的垃圾分類，也是自嘆弗如，遑論來自沒那麼重視垃圾分類的國家，看到日本的分類既困惑又驚奇，只差沒下跪了。

垃圾分類，公私大不同

之前曾有一位來日本研修的友人問：「聽說日本的垃圾分類很複雜，比台灣還複雜，那我該如何是好？」對於早已習慣日本垃圾分類的我，只能告訴他，多準備幾個垃圾桶，然後多看多聽多學。一個禮拜後我們見面，她很開心的說，原來日本的垃圾分類是這樣啊，雖然複雜但並不困難。沒錯，日本的垃圾分類並不困難，只比台灣複雜一些，但即便如此，習慣台灣丟垃圾的方式，來到日本，也的確會有些無所適從。

我就經常看到許多外國遊客，在公園或是車站打算丟垃圾，但卻站在垃圾桶前不知如何是好的窘境，尤其是來自亞洲的觀光客。觀光客是如此，很多剛到日本展開新生活的外國人，光是看到每天收的垃圾不一樣，然後今天收可燃明天是不可燃，後天還多了個玻璃，就覺得好難記。

而且每個行政區的做法跟垃圾收集的時間還不一樣，所以各地方政府都有針對新來的住戶，發送垃圾分類指南，以及垃圾月曆，告訴你垃圾要怎麼收、怎麼分類，很多外國人住戶一看到落落長的丟垃圾規矩，全都驚呆了，是真的有那麼複雜嗎？

其實日本的垃圾回收看似複雜，仔細探究也還好，頗具系統性，不然友人怎麼會一週就學起來了?!日本人會這麼重視垃圾分類與資源回收，其實跟日本的環境有關。由於缺少天然資源，因此對於許多可回收的垃圾，基本上都當成資源，只要有這個概念，就可以知道日本人並不是把垃圾當垃圾，而是全部當成寶了。能回收就會盡可能回收，不能回收的還會分成能不能燒，能燒的就全送進焚化爐燃燒並製造電力，像東京都為數不少的電動垃圾車，不少就是靠焚化爐產生的電力充電後再開車去收垃圾。

一般而言，公共垃圾桶與家庭垃圾的分類方式不太一樣，公共垃圾桶大概分為可燃、報章雜誌、鋁罐、寶特瓶等，有的地方還會有回收便當盒的選項。這些垃圾桶大多會出現在車站內月台上，公園或是便利商店等地方，倒是台北隨處可見的路邊公共垃圾桶，日本反而很少見。至於家庭垃圾分類，就比公共垃圾桶的分類複雜多了，光是紙類就分為書報雜誌、紙箱、小盒、利樂包裝、紙袋等，每一種都必須要分開，而瓶罐類則是分為鋁罐、鐵罐、小金屬、玻璃瓶罐以及寶特瓶等，寶特瓶還分為瓶身與瓶蓋，有的地方還要求瓶身包裝必須先行撕下（另屬於塑膠類），所以日本的寶特瓶包裝其實都有拆縫線，方便民眾撕下回收。

除了上述兩大類之外，包括保麗龍、塑膠袋、塑膠盒等塑膠類，也是必須回收的項目，另外像是乾電池、陶瓷類、打火機、銳利物品、玻璃、金屬類、有害物質、瓦斯噴罐、衣物等，都是要各別分類整理的，除去上述必須回收與分類，剩下能夠送進焚化爐的，才屬於可燃垃圾了。

基本上垃圾分類大致如上，不過每個自治體還是未盡相同，例如有的地方免洗筷、使用過的木炭，都會另行分類回收。而台灣會回收的廚餘，一般來說屬於可燃垃圾，但有的自治體也會另外回收廚餘，化為堆肥。

大型廢棄物例如傢俱或是報廢電器等，則是要致電區（市、町、村）役所，或是上網登錄，確認回收時間，由於在日本處理大型廢棄物是必須付費的，所以必須要先到便利商店購買回收券（特大垃圾處理券），回收券就是清潔隊的處理費，然後填妥券上的資料，將回收券貼在要回收的物品上，於回收日的上午八點以前，將廢棄物搬至指定回收地點，這樣子清潔隊就會來搬運了。

垃圾指定回收處通常設有這樣的回收箱或是網子，以免垃圾遭受烏鴉或是狸貓等野生動物為了覓食而將垃圾弄滿地。

日本的垃圾分類與回收時間相當複雜，各地指定回收地點都設有指示牌，告知各類垃圾回收的時間。

基本上，包括鐵路車站或是機場，公共垃圾桶大致上都是區分為一般垃圾、瓶罐與紙類，有時會增加便當盒的垃圾桶。而且自1995年地下鐵沙林毒氣事件後，日本的公共垃圾桶，大多都改用透明的垃圾桶。

部分郊區住家在馬路一側會設有自家用的垃圾收集處，方便清潔隊回收。

在日本如果要丟棄大型垃圾，必須要去便利超商購買回收券，並且向地方自治體預約回收時間。

在日本，亂丟垃圾是違法行為，而且法律相當嚴苛，不但罰款，還可能會被判刑，亂丟大型廢棄物的最高罰金甚至可高達一億日圓。

貼有「特大垃圾處理券」的大件廢棄物。

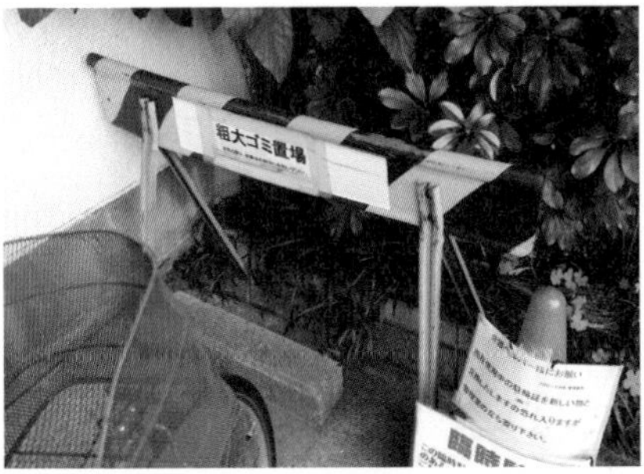

日本的大型垃圾必須另行回收，許多社區設有特別放置場所。

一般日本人會把大型垃圾包好，上面貼上回收券，指定時間才放置在指定地點，讓清潔隊載走。

請遵守指定回收時間

垃圾分類是一大學問，垃圾回收時間也困擾許多人。每個地方自治體的回收時間都不大一樣，通常都會在垃圾指定回收地點，架設指示牌，告訴附近民眾這邊的垃圾回收時間。一般而言日本並不會天天收同一種垃圾，通常可燃垃圾一週大概會收兩次，至於資源回收的部分，大多是每週一次，陶器、金屬類等大概都是兩週一次，而這也是住在日本必須要遵守的規矩。

我曾看過住戶在指定垃圾回收地點放了一個不屬於指定回收日的垃圾，結果清潔隊不但沒有收走，還在那包垃圾上貼了一個紙條，上面就寫說請遵守垃圾回收規定，不要當害群之馬云云。結果過了三四天之後，不知道是對方心虛慚愧還是怎樣，總之那包垃圾就消失了，這告訴我們，日本的清潔隊可不會像台灣清潔隊那麼好心，該怎樣就怎樣，可不會心軟的。

垃圾問題一直是世界各國最頭痛傷腦筋的事，日本也不例外，不過日本人的乾淨與整潔，也的確是值得我們學習，尤其是對於環境的愛護，比起半世紀前完全是兩個極端，還衍生出一些有趣的活動，例如現今隨處可見的「步行者天國」，就是當時高漲的環保意識所形成的產物之一。直到今日。雖然歐洲有些國家在資源回收上做得更加徹底，不過要說日本是垃圾分類與回收的大國，相信也沒有人會反對的。

午餐，其實很簡單

網路上曾流傳一篇文章，介紹日本媽媽為小孩做的便當已經到了爐火純青的可怕地步，不少台灣朋友問我，日本人真的那麼愛做便當嗎？事實上，日本人的午餐，再也平常不過，有時會令人驚訝比台灣人的午餐更簡單。

為了省錢或是健康，許多日本上班族習慣帶便當，到了中午再拿著便當與泡好的茶到公司附近的公園享用，這不但是日劇的情節，更是真實生活中隨處可見的場景。但大家都那麼愜意嗎？倒也沒有，對於得四處跑的企業戰士們，實在也沒太多時間如此悠閒，如何快速的在短時間內解決午餐，就是他們天天要煩惱的事了。

食堂・餐車・拉麵與丼飯

一般來說，日本上班族用餐大概有幾個方式，不少大企業設有「社員食堂」，像是東京商辦大樓的地下室與一樓，就有不少餐廳可供選擇，中午時段都會推出午間套餐，以實惠的價格提供給上班族，由於這些餐廳也不限定只能該大樓員工才能消費，所以每到中午用餐時間，幾乎都大排長龍。此外商業區也有不少居酒屋，同樣提供中午套餐甚至販賣便當，選擇相當多樣。

日本的商辦大樓通常在地下室與一、二樓會規劃成商業用途，設有不少餐廳、咖啡廳或是精品店，讓附近的上班族可以就近用餐消費。

至於國人相當熟悉的吉野家、すき家與松屋等牛丼專門店，或者是路上隨處可見的拉麵店、中華食堂等，都是上班族的最愛，入內花個十來分鐘吃碗麵或是丼飯，可以快速解決一餐都是好事，有些拉麵店還會免費提供白飯，讓勞動者吃飽肚子繼續上工，順便休息喘口氣。

有些上班族懶得花時間排隊去餐廳，因此商辦大樓外也有很多自營餐車或便當小販，提供外賣。一般能在商辦大樓外販售的餐車，都是申請通過核可，而且特別的是，日本法律規定類似這樣的餐車或路邊攤，只能提供單一主題的料理，像是「咖哩」、「拉麵」、「關東煮」等，因此想要在

牛丼價格便宜且出菜快速，通常在點餐後到吃完，前後大概十分鐘，相當適合分秒必爭的日本上班族。

一輛餐車上同時買到炸豬排飯跟拉麵，是不可能的事。不過這些餐車具備烹調設備，餐點多是現做，有的人氣餐車還是得排隊，最省時的選擇就得轉向便當小販了。

A 拉麵應該算是日本上班族最常吃的午餐了，大量的碳水化合物非常適合天天奔波的企業戰士。

B 日本的中華料理午間套餐都非常便宜，大概七八百日幣。

C 燒肉屋其實價格不算便宜，不過中午烤一餐七、八百到一千多不等，所以受到許多上班族的歡迎。

便當小販通常推著一輛小餐車，裡頭放著做好的便當，餐車通常具備保溫功能，所以交到顧客手上時都還是熱騰騰的，種類有豬排飯、炸雞塊便當等和式便當，或是麻婆豆腐定食、青椒肉絲定食等中華便當，另外有的便當小販則是販售咖哩飯、義大利麵、甚至時蔬便當等，種類還算多樣。

站著也能吃：立食麵店．飯糰．能量包

有空吃便當是幸福的，但許多企業戰士得在外跑生意或是拜訪客戶，時間不多只得利用空檔充飢，這時車站內的立食麵店就是相當便利的選擇了。這些立食麵店大多販售蕎麥麵與烏龍麵，也會提供飯糰或是豆皮壽司

許多超市或是便利商店都提供便當選購，如果是搭飛機或是鐵道出差，則可選擇鐵道便當（駅弁）或是航空便當（空弁）。

（稻荷壽司），讓食量大的上班族填飽肚子。立食麵店最早發源自江戶時代，由於麵類製作方便，且容易調理，只需要煮熱水、準備湯汁與配料，開店成本低，很快就獲得下町民眾的喜愛，明治時代之後，鐵道帶來龐大的旅客人潮，立食麵店的便利性，適合換車轉乘的短暫空檔，便成為解決民生需求的首選。戰後經濟成長期，由於都市通勤圈擴大，通勤人口也帶來飲食需求與商機，也讓這些立食麵店逐漸遍及全國。

日本各地的立食麵店各具特色，像是茨城縣會加入納豆當配料，千葉縣（我孫子）則是加大塊炸雞，北陸地區放了魚板、廣島地區有炸牡蠣，九州多了類似台灣甜不辣的元祖薩摩揚，至於愛知縣當地人吃的是類似家常麵的棊子麵（きしめん），四國人愛吃烏龍麵等。吃一碗立食麵前後大概只需花上十分鐘，而且還是銅板價，CP值超高，雖然未必美味，但卻是日本人日常生活中不可或缺的一部分。除了立食麵店，前往遠地出差還有鐵道便當（駅弁）或是機場的航空便當（空弁），也是不錯的裹腹選擇。

再沒有時間，就只好吃飯糰了。日本有許多飯糰專賣店，口味多樣而且美味，甚至還有飯糰店被列入米其林指南的必比登推介。買個兩顆大概就有飽足感，算是相當便利——只不過對於台灣人來說，飯糰似乎通常是早餐，而不是午餐。

比飯糰更簡化的餐食，則是一種果凍式的能量補給品，日本的便利商店或超市都會賣（其實現在台灣的便利商店也有），蠻受日本上班族的歡迎，我就常看到有些上班族在便利商店外用力吸兩口，前後十幾秒就解決一餐，對於過去在台灣上班、中午吃飯還有飯友相約的我來說，實在很難想像！

名古屋的月台立食麵店賣的不是蕎麥麵，而是當地人最愛的棊子麵。

首都圈不少鐵道車站，都會設置這類立食蕎麥麵店，方便南來北往的上班族解決午餐。

位於常磐線我孫子站的月台立食麵店彌生軒，最有名的就是這個炸雞，而且份量十足價格便宜，相當受到上班族的歡迎。

對於大食量的上班族來說，一碗蕎麥麵加丼飯，僅需日幣五六百，非常便宜。

時刻不忘的防災意識

自從二〇一一年東日本三一一大地震後，這幾年來日本幾乎年年有天災，人心惶惶，日本政府還告訴民眾，三十年內首都圈發生大地震的機率高達七成，讓防災成為一大顯學。

不過日本人其實對於災害並不陌生，自古以來，日本就是一個多災多難的國度，地震、火山、颱風等，日本人長期學著與災難共處，日本的防災技術也日新月異，每每在大災害發生時，都可見到日本人的冷靜與臨危不亂，值得同為災害大國的台灣學習。

早在江戶時代，由於日本多數都是木造建築，容易引發火災，因此江戶幕府特別規劃了義消制度，成為世界最古老的消防隊之一。每當發生大規模火災時，義消就會出動，開闢防火巷以阻止延燒，這樣的觀念深植人心。進入明治時代之後，日本政府也仿照歐美先進國家，開始制定各種防災對策，建立現代化的消防隊，尤其針對最常發生的地震與火山。

江戶時代町消火（消防隊）的組織隊形以及使用的相關設備圖繪。
（江戶東京博物館展出）

早在江戶時代，東京就
有嚴密的消防組織。
（江戶東京博物館展出）

化入日常的防災意識與演練

不過近年來，日本卻出現了史上未見的超級豪雨，屢屢造成重大災情，加上地球溫暖化，海水溫度升高，原本應該在赤道附近生成的颱風跟著北移，過去經常襲擊菲律賓或是台灣的颱風，現在也老往日本跑。日本政府與學界為此開始研究所謂的「複合式災害」，這在二〇二〇年的武漢肺炎（COVID-19，新型冠狀肺炎）疫情爆發後，成了各界所擔憂的事情：當各種天災在同一時間發生時，政府該如何應對？民眾又該如何處置？

二〇一五年九月，東京都廳便發送全東京都每戶一套《東京防災手冊》，這套手冊的內容引起極大迴響，甚至在台灣引起討論。手冊的內容包羅萬象，厚達三百多頁，詳述面對各種災害的SOP，東京都也同步將相關手冊製成PDF檔放在網路上，供人下載；並附有不同語言版本，供外國住民索取。

除了手冊，日本政府也製作一張正反兩面的防災地圖，首先告訴民眾這張地圖該如何使用，包括要求民眾必須確認相關的避難場所，並請民眾自行測試由自家步行前往避難場所的時間，再來就是認真詳填裡頭的相關表格（包含家族成員、姓名、基本資料、家人上班上課的地點、聯絡電話等，另外還有用藥習慣、身體狀況，萬一發生災害時，救難人員可以在第一時間了解受災戶的相關資訊）。接下來則是避難的用品清單，提醒民眾平時就備好避難用品，清單如果備齊就可打勾。此外，尚有簡易急救、安否確認的緊急電話留言板，以及各種官署與交通的緊急聯絡方式。隔年（二〇一六年），四月十四日，位於九州的熊本發生了芮氏規模七・三的大地震，引發極大的災情，東京都的防災手冊再次成為焦點。

其實東京的防災意識，可說自從一九二三年九月一日的關東大地震後，就根植人心。當時東京發生芮氏規模七・九的強烈地震，造成慘重災情，死亡及失蹤人數逾十四萬人，傷者逾十萬人。這個慘痛的經驗讓日本政府開始重視現代防災規劃，不但陸續制定許多法令，規範建築、道路、防災動線等，藉以降低災害，還將地震發生當日（九月一日）制定為「防災之日」（防災の日），每年的這一天，全國各地

2015 年東京都製作《東京防災手冊》，家家戶戶均發送一套，並於網路上提供多國語言版供下載。

東京都內規劃部分大型道路一旦遇到大型災害，便會禁止一般車輛通行，讓救災團隊得以通行無阻地前往災區救援。

避難用品包括：安全帽、飲用水、乾糧等，甚至連攜帶型便座都有。

位於銀座三越百貨前的獅子銅像，每到火災預防週間就會穿上消防員的裝備。

都會舉辦防災訓練，除了動員警察、消防、自衛隊之外，學校及一般民眾也大量參與訓練。

這樣的訓練除了讓民眾熟悉逃生動線，也可以讓各機關遇到嚴重災害時，能夠沈著應對，降低災害。此外，各地的消防單位也會巡迴各學校甚至社區、公寓大樓、辦公場所等地，舉辦防災講習，增加民眾防災的知識與技能。除了防災知識，家中準備足夠的防災用品，也是民眾得以優先自助的法寶。近年來由於日本政府的宣傳鼓勵，以及東日本大地震的影響，所以家家戶戶大多購置了各種防災用品，不管是安全帽、飲用水、乾糧、罐頭或是方便食用的白飯與泡麵，以及手電筒、保暖用品、工具刀、防傾倒裝置、防火災裝置、斷電裝置以及醫藥箱，甚至太陽能發電器、攜帶型廁所等，以因應突發災害。

這些防災用品多由官方或是研究機構主導，再由廠商根據需求設計研發，因此實用價值高，也受到官方認證。此外，東京都廳還規定所有車站以及被指定為防災收容中心的辦公大樓，都必須準備規定的飲用水、乾糧、保暖毛毯及睡袋等，以收容突發大地震而無法歸宅的民眾，各地的消防團（義消組織）與消防隊，也在指定逃生的公園及廳舍等地，設置倉庫放置物資及救難設備。這個由官方主導的防災體系，源自一九九五年阪神大地震的經驗，政府將防災網陸續擴及大型商辦、各級學校、車站、公園等公共場所，各級政府也不斷進行防災演練，並指導民眾如何使用防災倉庫的各種物資設備。

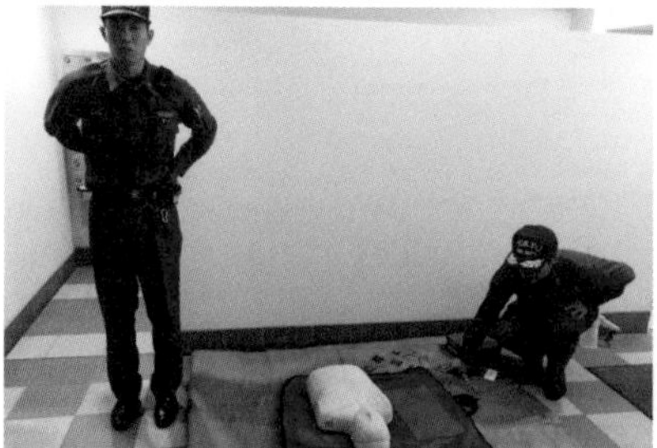

東京都消防局每年都會巡迴各個學校、辦公大樓以及住宅大樓，舉辦防災講習，並讓民眾實際操作各種救災設備，以維持防災技能。

許多地方自治體都設有防災體驗館，還擁有地震體驗車，可讓民眾了解大型地震的可怕。

防災公園內的一般休閒座椅一旦遇到災害，上方的門架可以直接搭起帳篷，拆掉座椅的椅墊則可投入瓦斯爐變成炊事場。

日本社區公園都會規劃成為防災公園，提供當地避難之用。

東京都內的賣場都有防災專櫃，販售各種地震防災用品。

日本的防災訓練不僅止於日本人，也擴及至旅居日本的外國人甚至外國觀光客，圖為正在舉行外國人防災訓練的六本木 HILLS。

緊急地震速報系統除了透過NHK進行地震警報發布之外，也透過日本三大行動電信商發送警報，另外連一般電話都可以接收發送，可以說日本的緊急地震速報是務必以各種方式讓民眾接收到警報。

六本木 HILLS 地下的防災儲存倉庫，存放高達 27 萬份的防災食品及飲水，以及三萬人用的防寒保暖物品，可提供數萬人在六本木 HILLS 避難三天。

家戶必備3天防災物資

這套改進的防災系統果然在東日本大地震時發揮了極大功效，不但讓數百萬無法即時返家的民眾得以安心度過地震後的第一個夜晚，相關經驗也讓日本各地的地方政府仿效並補強原有的系統設施。至今，日本政府仍不斷加強宣導自備防災物資，各大賣場也都設有防災專區販售。民眾選購時，多以三天份的物資儲備為基準，萬一因災害而無法外出，或是逃難中，能夠自行撐過前面的三天，讓政府有限的資源能優先用於救災。這種觀念可說已是日本家庭必備常識，目前已有四分之三以上的日本人會在家中準備防災商品。

唯有萬全的準備才能面對所有挑戰，日本人的危機意識令人敬佩，更值得學習。為了保住自己的小命，身處日本的我自然也添購了各種防災商品，不過乾糧多少還是有保存期限，所以只好偶而拿出來品嚐，結果發現：不愧是日本人，連乾糧都很美味啊！

日本的防災物資準備通常以三天份為主，這也是符合所謂的黃金 72 小時的概念。

日暮時分響起的報時樂音

自從搬到東京，每到下午五點，總是會聽到〈晚霞漸淡〉（日文：夕焼小焼）這首日本童謠的樂聲，提醒著人們：下午五點嘍！對我而言，這就是該準備晚餐，迎接老婆大人回家吃晚飯的時候了。

相信很多台灣人到日本旅遊時，也會在固定的時間聽到悠揚樂聲。一九九九年我第一次訪日，就遇到傍晚播放的音樂，當時蠻驚訝的，隔天在同樣的時間再度聽到，才恍然大悟，原來日本每天都會定時播放音樂啊！只是許多外國觀光客也許會狐疑，現在這個時代，人人有手錶手機，何必每天都透過那些鐵塔和電線桿上的揚聲器報時？

日日「報時」，確保緊急廣播系統正常運作

其實，天天定時播放音樂，對日本人來說，除了報時功能，還有更重要的任務。這套廣播報時系統，其實是構築於全日本各地，由各個地方自治體所管理的「市町村防災行政無線」。這套三級地方行政區所管轄的放送系統，是以固定的無線頻率，串播系統所屬的擴音設備，播音設備除了架設在自治體行政大樓，並由轄下人員控管外，

包括警察署（分局）與交番（派出所）、消防署（消防局）與消防小隊、公民館甚至於中小學校等，都有配置無線電放送設備，有點類似台灣的民防無線廣播系統。此外，鄉間則會選擇適當地點，例如鐵塔或是電桿、車站與候車亭等，架設放送揚聲器，也會將部分的商店街廣播系統列入這套防災行政無線放送之內，並且與地方有線電視台、FM或是AM緊急廣播等連動。

目前這套系統在全日本，已有超過八成的地方自治體裝配，而最重要的功能，就是在緊急狀況時可進行最迅速的廣播，例如地震震度超過五弱[1]時的緊急地震速報、海嘯警報、火山噴火、龍捲風或是水災等氣候災害，甚至於火災發生、尋人、遭受武力攻擊、發生戰爭等狀況時，都可立即廣播放送，進行大規模疏散。

---

1 日本的地震分級，分為〇級、一級、二級、三級、四級、五弱、五強、六弱、六強、七級等共十個等級，台灣也在二〇二〇年一月一日起，採用類似日本的震度分級。

位於宮城縣南三陸町的防災大樓。三一一大地震時，就是在這裡播放海嘯警報，並呼籲居民趕緊逃生，然而大海嘯將大樓摧毀，許多公務員也在當時犧牲。

位於橫須賀市一隅的交番旁，設置有防災行政無線擴音系統。

位於鄉間的無線放送系統，目前日本的防災行政放送系統都以無線為主，除了可以同步放送，也可以減少災害時有線線路遭到毀損的機率。

許多鐵道線配置無線放送系統，災害時可與鐵道公司一同處置。

離島的聚落會將無線放送系統設置在交番或是公民館等機關。

然而這套急難廣播放送系統平時的維護非常重要，因此日本各地方自治體便利用這套廣播放送系統，選定每天一個固定的時刻，播放音樂進行報時，稱之為「時報」。這麼做一方面可讓當地的民眾知道時間，熟悉廣播放送的聲音與狀況，另一方面則是讓系統天天運作，維持系統的穩定度，保持放送系統與設備的正常，也讓系統或揚聲器若發生故障可立即修復。而且以這種方式來檢測，並不會像播放緊急警報測試那麼讓人緊張，如果天天播放肯定遭到居民抗議，也因此「時報」這檔事，就成為各地的例行公事了。

披頭四也為您報時

一般來說，大部分的地方自治體大多是在下午四點至六點之間（尤其是下午五點），選定一個固定的時間播放如〈晚霞漸淡〉、〈紅蜻蜓〉、〈故鄉〉等膾炙人口的日本童謠，其最主要的原因是，這個時間學生已經下課，剛好可以催促小朋友趕快回家。對大人來說，也可提醒已下午五點，小孩如果還沒回家的，記得趕快出門找人；或是提醒五點到了，準備要煮飯了。不過還是有些地方是在其它時間報時，有的是早上七點，有的是中午十二點，有的則是根據季節不同，有不同的報時時間，像靜岡縣濱松市的天龍區，特定的日期會在晚上九點播放報時，目的是要小朋友趕快去睡覺！

至於放送的歌曲，除了大家熟悉的童謠，有些自治體會有自己的選曲，例如北海道知內町放送的歌曲，就是當地出身的演歌知名唱將北島三郎的〈與作〉；而千葉縣館山市，則因日本視覺系重金屬搖滾樂團 X JAPAN 成立三十週年，而團長 YOSHIKI 又是館山出身，所以從二〇一二年開始，選用 X JAPAN 的名曲〈Forever Love〉作為每天傍晚五點的報時放送。此外有些海邊的城鎮會選擇與海有關的歌曲，像是神奈川縣葉山町播放〈海邊之歌〉、千葉縣白子町與九十九里町播放〈我們都是海之子〉等，而出產柑橘的愛媛縣有許多自治體如宇和島市或是松田町等，則是會放送〈開著橘子花的山丘〉。當然也有播放像〈念故鄉〉（GOIN' HOME）、〈野玫瑰〉（Heidenröslein）、〈藍色的愛〉（L'amour est bleu）、亨利希曼尼的名曲月河（Moon River）、披頭四的〈Yesterday〉等外國名曲的自治體，或是選擇松田聖子的〈SWEET MEMORIES〉、松任谷由實の〈守ってあげたい〉等日本金曲，可說相當多元，也增添許多生活樂趣。

台灣大概因為緊急放送系統的主管機關是各縣市警察局民防科的關係，不像日本天天播放整點報時，頂多一年幾次系統測試，或是萬安演習時才會派上用場，而且直接是空襲警報測試。比較過日本的作法才發現，似乎日本的作法比較務實，不但不會讓民眾覺得吵，同時也可測試廣播系統，不至於因長時間沒有使用而疏於維護。如果能比照日本的報時做法，讓民眾習慣播放樂音的同時，也能時時維持播放系統的穩定

位於房總半島南端的館山，是 X-JAPAN 團長 YOSHIKI 的故鄉，所以這裡的準點報時是 X-JAPAN 的名曲〈Forever Love〉。

愛媛縣宇和島盛產柑橘，這裡的準點報時播放的是〈開著橘子花的山丘〉這首歌。

位於品川區役所行政大樓的防災行政放送揚聲器，每日的報時放送就是由此廣播。

與正常，這樣比起空襲警報，應該來的有趣且多了。

二〇二〇年因為新冠肺炎，我居住區的區役所常在固定的時段（通常是上下午各一次）透過這套系統廣播，請大家沒事盡量少出門、注意防疫措施、避免三密（密集人潮、密切接觸與密閉空間）。這樣的廣播也成為準點報時外另一個新體驗，畢竟這個史上罕見的傳染疫情也算是「緊急狀況」了吧。

就在寫稿的同時，外頭逐漸傳來〈晚霞漸淡〉的樂音。五點了！該是我準備晚餐，迎接老婆大人下班回家的時候了。

東京都台東區役所大樓上，也裝配有擴音設備。

無線放送系統是保護日本人民的一道防線，也因此在都會中，可見到這些聳立的擴音喇叭。

2018 年才開幕的新橋鐵橋下橫丁，是年輕上班族的人氣話題。

應酬切記「乾杯」只喝一口

在日本上班，應酬是聯繫上司、部屬、同儕或客戶感情不可缺的文化，尤其過去幾乎由男性擔綱的職場結構，即便大家在商場上有所競爭，下班後一起喝一杯，彼此感情也會增進不少。

日本的應酬也分公務或私人聯誼，公務應酬當然排場大，吃好喝好，而且可以報公帳，在泡沫經濟的年代，帶著客戶去酒店享受，隔天帳單幾十萬照樣是公帳，然而近年日本經濟大不如前，能這樣玩的已經不多了。私人聯誼式的應酬，就沒有這些壓力，方式多元輕鬆，主要是大家喝得盡興，快樂的結束一天疲憊的工作。尤其日本人的國民性相當壓抑，透過飲酒言歡，把白天的不愉快通通拋掉，隔天又是全新的開始。

黑市・橫丁・居酒屋

為數頗多的居酒屋以及巷弄內的酒吧與小酒館因此應運而生。在東京、大阪這些大都市，通常歡樂街集中在某些地區，許多不起眼的巷子裡呈現不同的風情，不管是令人食指大動的飲食店，或者是酒吧老闆爽朗的吆喝聲，有些地區還維持著數十年前的樣態。踏入此地宛如時空隧道，濃濃的懷舊感以及被賦予的「橫丁」[1]之名，吸引不少觀光客到訪，也讓近年的橫丁商店街瞬間爆紅。這個日本獨有的歷史產物，主要是二戰後日本各地遭到盟軍毀滅性的打擊，原有的都市景觀消失，百廢待舉。當時因物資嚴重不足，日本政府禁止各種物資私自販賣，只能配給，然而國家雖然戰敗了，人們還是要生活，沒有房子只好自己搭。在物資需求下，這些搭建的房子也發展成「黑市」的市集，不管是想買東西或是想吃一碗熱騰騰的拉麵，甚至想喝杯酒，來這些黑市就可找到。

當然，隨著日本經濟起飛，黑市早就消失在歷史的洪流之中，不過當年的黑市在大眾需求下，逐漸轉變成居酒屋、小酒館與酒場的聚集地，像是新橋、上野、品川、澀谷、新宿、池袋等車站。由於這些所在地大多是商業區，為數眾多的辦公大樓與工商行號集中於此，大家下班後習慣就近喝一杯，也就成了「大叔城」。又像是神奈川縣的川崎市灣岸地帶，因有許多重工業，工人多，產生了「市民酒場」，提供廉價的酒類與小菜，發展也與東京的橫丁雷同。

1 橫丁，小巷弄之意，因為大多與主要街道垂直橫入，因此稱為橫丁。

戰後成形的橫丁，至今仍保持濃濃的昭和風，也是許多居酒屋與酒吧的集散地。

戰後昭和時代因日本上班族有錢，包括居酒屋、酒吧與酒店等產業，得以蓬勃發展。

居酒屋大多集中在上班族聚集地，像新橋就是東京有名的居酒屋激戰區。

庶民文化的居酒屋發展至今也有許多有趣的特色，有別於傳統，現在的居酒屋多了「地區」系列，也就是依照其發源地，設定主題，例如北海道發祥店就是海鮮為主，宮崎或是鹿兒島的就是雞料理，福岡的就會有鐵鍋餃子或是牛雜鍋，如果像是台灣人相當熟悉的「世界的山將（世界の山ちゃん）」等來自名古屋的居酒屋，就肯定會有大量雞翅。這些具有當地特色美食的居酒屋，增加了選擇的多樣性，還可以喝到當地的地酒[2]，畢

2 地酒，即地方酒造或是釀酒廠所生產的日本酒；至於地方生產的啤酒則稱之為地啤酒：地ビール。

有些地區喝酒會搭配當地遊戲，增加喝酒的樂趣，像是高知的喝酒文化，藝伎還會與賓客同樂。

竟來居酒屋就是要喝酒，可以因此喝到不同口味的好酒，也是一種享受。除了種類眾多的日本酒，居酒屋也提供威士忌、啤酒、果實酒或是氣泡沙瓦等，選擇相當多樣，例如東京有一種神奇的酒精飲料「ホッピー（Hoppy）」，其實是一種啤酒替代性飲料，最早是在一九四八年開始販賣，由於當時日本民眾貧困，買不起啤酒，這種由燒酎與麥汁依比例混合的酒精飲料喝起來完全是啤酒口味，且成本比啤酒便宜許多，因此受到許多民眾歡迎。現在生活富裕，各種啤酒隨處可見，不過當年為了代替啤酒而出現的「ホッピー」並沒有消失，反而仍在市面販售，目前這款酒精飲料大概只在東京、神奈川與埼玉等首都圈才看得到，可算是地區性極強的一款酒精飲料。

喝酒挑地方，每個人都有自己的偏好，更何況很多上班族只是為了喝一杯，哪裡都行；不過比起外頭的居酒屋連鎖店，身為東京住民的我，最喜歡的是位於巷弄中的熟店，那才是真正的放鬆。

乾杯之後，把胃「關起來」

有趣的是，不管是居酒屋或是酒場，喝酒才是主役，但不少台灣人到居酒屋則是點了一堆食物吃到飽。雖然不是不行，不過在日本人的應酬文化中，通常是喝酒聊天吃小菜，一般大概就是點一杯啤酒或是日本酒，再點個兩三道小菜，一面喝酒一面聊天，半小時結束後結帳走人，繼續下一攤，稱之為「二次會」。所以踏進居酒屋，通常都是先點喝的飲料，點完之後，菜單可以慢慢看，再點下酒小菜，等服務人員將飲料送來，大家舉起酒杯喊一聲「乾杯（kanpai）」或是「お疲れ様でした（辛苦了）」，喝一口自己的飲料，暢快又開心。

要注意的是：日本的「乾杯」只喝一口即可，不像台灣是把整杯乾了，在日本這樣喝，大概是會嚇壞日本人的！而可以當居酒屋的店，除了傳統居酒屋或是酒吧之外，像是燒肉店、中華料理、大阪串炸、燒鳥店（串燒店）等，都可以是日本人喝酒的好地方。當然繼續喝下去的話，也會有三次會、四次會等，端看彼此的時間多寡，有時候會喝到列車終電（末班車）都有可能，目的就是要盡興。

或許很多人會狐疑，這樣子只喝酒沒吃什麼東西，難道肚子不會餓嗎？在日本的應酬文化中，當喝酒喝夠了，即將要回家之前，還會有一道填飽肚子的程序，稱作「シメ」。「シメ（閉め，發音為 shi-me）」從字義上看，就是「關起來」，意思是「喝酒喝夠了，所以要把胃關起來」，所以許多居酒屋會提供像是拉麵、蕎麥麵、飯糰、炒麵甚至於炒飯等料理，供酒客們回家前「把胃關起來」。

當然也不一定要在居酒屋或是酒館「シメ料理」，這些橫丁或是繁華街也有許多拉麵店，讓喝完酒的客人填飽肚子。日本各地的「閉め」各有特色，除了八成都是拉麵，

傳統酒場都會把酒類與下酒菜貼在牆上，而且菜單與酒單隨時更替，有時來這裡會有驚喜。

KIRIN
グッとくる、
コク・飲みごたえ。
LAGER BEER
キリンラガービール
630
メガ 1,050
中 530
小 350
千葉 普通酒 東鏡 あづまかがみ 350
本醸造 福祝 ふくいわい 400
本醸造 高清水 たかしみず 400
剣菱 ケンビシ 400
酒 菊正宗 冷 生貯蔵酒 300ml 600
赤玉サワー 380
キンミヤ焼酎 割梅ロック わりうめ 300
梅干し入り 焼酎お湯割り 380
トマトハイ 380
白菜漬け はくさい 300
なすの一本漬け 300
きゅうりの一本漬け 250
かき風味クリームコロッケ 550
うなぎの肝串焼 一本 330
たらこのうま煮 300
お疲れさんに！クエン酸サワー 380
酔いごこちスッキリ！バイスサワー 380
純米原酒 生貯蔵酒

像福岡還有所謂的「拉素麵（ラーソーメン）」，採用博多的細拉麵，但卻是冷素麵的吃法。北海道則是沙拉中華冷麵，在原本的中華冷麵上方加上大量的沙拉菜，岩手縣則是喝完酒之後要吃炸醬麵，金澤要吃茶泡飯，靜岡要吃關東煮，香川縣果然是熱愛烏龍麵，喝完酒要吃咖哩烏龍，至於高知縣則是要吃煎餃。

近年由於女性上班族比例增加，日本的應酬文化也在改變，許多店家在裝潢、酒類與餐點的提供上，多了許多女性元素，就連「シメ」都出現「百匯」等甜品，可見時代在進步，連日本的應酬方式都有所不同。

酒店與酒吧

有些人喝酒要有粉味，所以愛去酒店喝酒，以東京來說，比較平價的酒店多出現在繁華街。日本的酒店與台灣的酒店不太一樣，雖然都有人陪侍，但台灣人常把酒店與風俗業搞混，日本的酒店主要還是以喝酒聊天為主，上班族白天被上司罵，晚上回家被老婆嫌，有人會來到這裡尋求溫暖，或是帶客人到酒店談生意，卸下心防，也容易達成協議。

至於大老闆或是政治家們談事情，則會到高級酒店，地點隱密，彼此容易展現真正的自己，有如拜把兄弟，多少也比較容易成事。這些高級酒店的媽媽桑或是小姐，嘴巴都很緊，不用擔心秘密洩漏，因此像是銀座、六本木等靠近政經重鎮的地點，就發展出高級酒店區，每到深夜時刻都會出現許多黑頭車，是相當有趣的情景。

酒店反映了其中一種飲酒文化，日本的小酒吧則是另一番風貌。小酒吧雖仍是喝酒為主，風格卻全然不同，到這裡真的是喝氣氛，這些小酒吧各自有不同主題，有的入內點杯威士忌，聆聽店家播放的爵士樂，有的則是文壇人士的愛店，還有的是攝影家們切磋技藝的去處。小酒吧的老闆們，個個深藏不露，具備相關的豐富知識，深藏在巷弄內，只有熟客才知道。來到這些小酒吧，有時獨飲，有時與隔壁同道中人閒話兩句，在微醺中告別，返家休息準備迎接隔日的挑戰，這就是日本飲酒文化真實的一面。不過喝過頭就會變成街上看到的那種醉倒路旁的上班族。很難想像平時嚴謹的日本人，晚上像是另一個世界，日本的應酬飲酒文化想必還有許多值得探究之處！

A 日本各地都有許多當地的銘酒，也常舉辦試飲會吸引民眾參加。

B 居酒屋服務很好，當服務人員得知小弟來自台灣，居然做了一道寫有台灣字樣的鐵板燒飯。

C 立吞酒吧喝完就走，成了許多人的首選。

D 居酒屋最後的シメ，就是讓酒客們填飽肚子，像炒麵就是不少人的首選。

C

D

晚御飯，異國餐廳盡在美食之都

俗話說下班是另一個生活的開始，有別於白天的上班生活，下班之後就是個人時間，吃晚餐也不用像中午，吃個飯跟洗戰鬥澡一樣，可以輕鬆地享用，看是三五好友相聚、或是一個人的晚餐。

不過晚上外食，雖然選擇性更高，不少餐廳中午只提供套餐服務，到了晚上各種餐點全出籠，至於價格比起中午貴上不少，也因此很多人的晚餐，以節約省錢為考量，大概就是在家自炊，有家庭的上班族回到家，還有老婆（老公）煮給你吃，單身貴族就得自己想辦法了。

一般來說，最省錢的方式就是自己在家煮了，不管是單身或是家庭，外食費用驚人的狀況下，在家自炊可以省下不少預算，而且現代人營養過剩，許多美食家推行「一汁一菜」，就是一碗白飯只配一樣菜跟一碗湯，就可以解決晚餐，還能省錢，這樣的方式也獲得不少日本人的歡迎。

如果要吃好一點，一樣主菜跟一個沙拉、再搭配一些醬菜（漬物），也是很好的選擇。不過上班族下班後，還得洗菜煮菜，搞到能吃飯都九點十點了，這個時候許多車站或是超市，都會販賣烹調完成的家常菜，不管是和食、洋食或是中華料理，選擇性多，如果臨近閉店時間，店家還會有半價的優惠，自然也是獲得許多上班族的青睞。

除了這些家常菜可以購買，車站的百貨店、超市甚至於便利商店也都有便當可以買，價格三百到六百日圓不等，只是天天吃這些便當，並不是太好；在日本有許多獨居老人，因沒有收入，領的年金又少，只能天天購買超市便當吃，營養不夠均衡，長期飲食對身體負擔極大，還被冠上「下流老人（這一名詞源自於日本社會學者藤田孝典於其二〇一五年著作《下流老人：一億総老後崩壊の衝擊》」，成了日本的社會問題。

這也是為何有小孩的日本家庭，大多是在家裡吃，如果考量到均衡飲食，這樣的做法的確是相當重要，當然天天吃家裡也會膩，所以外食就成了最佳選擇。日本的外食相當發達，因此要解決晚餐當然輕而易舉，有別於應酬，吃晚餐是自己的事，對象不同吃的也就不同，在東京這個一千四百萬人口的大都會，民以食為天的最高準則下，各式餐廳更是數量龐大。

日本家常菜店家的擺設相當講究，讓人食指大動。

不管午餐還是晚餐，超市便當都是相當方便的選項，且價格便宜，種類繁多。

日本料理店提供的晚間定食相當美味，不過售價並不便宜。

B

A

C

A 日本許多超市或是站前百貨，都設有店家販售家常菜，以供民眾選擇。

B 一般來說日本人的晚餐大多還是在家煮，不過偶而外食吃個鰻魚套餐也是不錯的選擇。

C 日本的烤魚定食包括鯖魚、秋刀魚或是鮭魚等，都是相當普遍的料理。

聚集異國料理與米其林餐廳的美食王國

據統計整個東京的餐廳高達十六萬家，可謂是美食之都，這也是為何全球知名的餐廳評比聖經「米其林指南」，在二〇〇七年即開始將東京列入評比，十幾年來全日本有十多個城市陸續被列入，可見日本飲食市場的重要，不管是壽司、拉麵、豬排飯、天婦羅、燒肉（其實是韓國料理），或是中華料理、法國料理、義大利菜與咖哩，幾乎全世界的美食都集中在日本了。

中華料理

一般庶民吃飯其實沒事不太會去什麼米其林餐廳，大概就是家裡附近的飲食店或是上下班路線上的店家，其中最受歡迎的大概就是中華料理了。在日本中華料理幾乎是三步一崗、五步一哨，光是筆者所住的地方，中華料理店用十隻手指頭還算不完，可見中華料理店家之多。

有趣的是標榜著「中華」兩個字，其實大多是已經日本化的中華料理，店內所販售的餐點主要是五目拉麵、天津飯、中華丼等中國所沒有的「偽中華」，不過如果店家招牌是「中國料理」、「中國家庭料理」之類的，那就是中國人來日本開的中華料理店，這也是兩者最大的差別。

這些已經「日化」的中華料理，店內販賣的料理其實很簡單，不脫湯麵、炒麵炒飯、中華丼等，炒菜的部分也大概就是大量青菜（如高麗菜、豆芽菜、韭菜等）與豬肉或是豬肝，頂多加個麻婆豆腐、煎餃、蛋花湯等。

不過料理雖然簡單，卻相當美味，價格又親民，在東京一盤大多是日幣六七百還會附一碗拉麵湯，再加一碗白飯不過七百起跳，自然也就吸引許多上班族上門了。由於烹調簡單，食材也容易取得，所以在戰後那個物資匱乏的年代，這類中華料理成為日本庶民的最愛，承襲至今，這些「偽中華」自然早已融入日本社會，成為日常的一部分了。

事實上日本知名的庶民美食「拉麵」，在某種程度上也是來自於中華料理，像是有名的東京醬油拉麵，據說就是一九一〇年在淺草的來來軒開始販售的，當時因日本人無法接受豬大骨熬湯，因此老闆有一天靈機一動，把日本的醬油倒入湯頭中，沒想到居然可以把豬大骨湯頭的腥味去除，就此誕生出醬油拉麵。

而拉麵也在一百多年的發展中，逐漸擺脫原本華人世界的麵食樣態，獨自走出了自己的一條路，就像是另一樣日本人的美食「餃子」，也同樣如此。只不過餃子傳入日本，卻是因為戰爭的關係，戰前日本人大量移民滿洲（中國東北），就在當地學習到如何包餃子，戰後這些住在滿洲的日本人返鄉，也帶回了這項美食，就此在日本深耕發展。

寫著「中華」兩個字，意指的是已經和化的中華料理。

五目拉麵是日本原創的中華麵，受到廣東菜的影響，會先將上面的料勾芡，再放入醬油湯頭的拉麵上。

近年不少日本人晚上聚餐會選用中式的鴛鴦鍋。

日本的町中華歷經數十年的融合，所以會出現勾芡的廣東麵，搭配北方才有的餃子。

許多日本上班族超愛的野菜炒豬肝，是町中華常見的一道菜，通常會搭配一碗拉麵湯跟一碗白飯，就可以吃很飽。

印度咖哩

除了中華料理在日本多如牛毛之外，咖哩在日本也成了國民美食，在日本有所謂的日式咖哩跟印度咖哩兩個種類，當然印度咖哩本身口味仍相當道地，吃法也與印度本土雷同，不過有趣的是日式咖哩是咖哩飯為主，但印度咖哩大多數卻是以北印度料理為主，因此主食多為「饢餅」。

而且許多印度咖哩店，許多都是尼泊爾人開的，所以經常可見招牌雖然標榜著印度咖哩，不過上頭卻有印度跟尼泊爾的國旗，更讓人驚訝的是日本的印度咖哩店，饢餅大得驚人，比起印度本地大上好幾倍，許多印度人來日本時看到都傻眼了。

會有這種差別主要還是因為在日本的印度咖哩店相當競爭，店家為了讓客人有超值的感覺，那塊印度饢餅就越做越大了。當然日本的烹調器具研發相當厲害，有公司專門生產可以烤出超大印度饢餅的機器，也讓大尺寸印度饢餅逐漸普及，成了日本的定番。

這樣的飲食發展也算是相當有趣的地方，當然筆者個人偏好許多老店，這些店家雖然沒有「良好」的用餐環境，店內也略顯老舊，不過卻是讓人感到溫暖，可以說是個人心目中的「米其林」。說到米其林，以前看日本的電視，居然還有另一種令人噴飯的評比，叫做「髒亂美食評鑑」（きたなシュラン），意思是雖然用餐環境不佳，不過店家的料理很美味。

會有這個搞笑評鑑，主要是由「隧道二人組」石橋貴明與木梨憲武兩人所主持，名為「隧道二人組的託大家的福（とんねるずのみなさんのおかげでした）」的老牌搞笑節目當中的企劃而來。

因為這個企劃模仿米其林有三顆星評比，還會有一尊類似米其林娃娃的詭異人像，結果「評鑑」了十幾年，不少獲選的店家還會把節目贈送的詭異人像（其實是製作人石田弘的頭像）與評鑑認定證擺在店門口，而通常這些飲食店都是下町的名店，即便外觀老舊、店內感覺破爛，但食物可是相當美味的。

當然吃飯有時候還是要看心情，尤其是下班之後「身心俱疲」，總希望可以放鬆心情滿足胃袋，有些上班族中午快速解決一餐，晚上沒有應酬的時候，找個三朋好友一起吃飯聊天，或是男女朋友約會，則是會精心地挑選餐廳，這個時候與其參考米其林指南，更多日本人會利用「食べログ（Taberogu）」或是「ぐるなび（Gurunavi）」來找餐廳。

但不管如何，吃晚餐總是人生一大樂事，能夠品嚐各種美食總是令人心情愉快，至於像我這種家庭煮夫，每天煩惱要煮什麼給老婆大人吃，如果能夠「休假」吃外面，似乎變成如中樂透般的驚喜了！

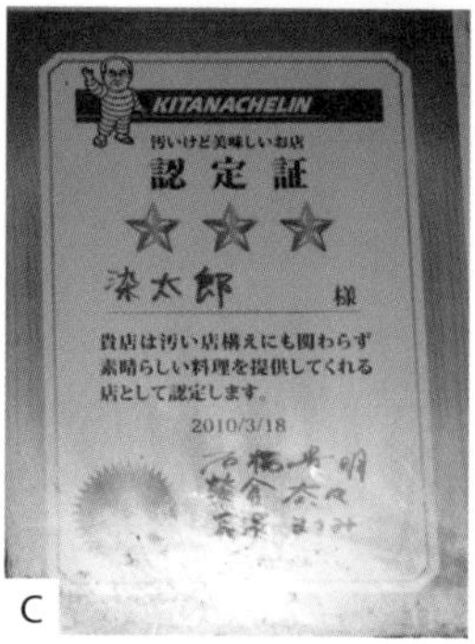

A 印度饢餅傳到日本之後，因為市場競爭，越做越大，比原產地還大上好幾倍。

B 髒亂美食店雖然用餐環境不佳，但東西美味，而且份量多，是 CP 值相當高的庶民美食。

C 染太郎的髒亂美食評鑑認定證獲得三顆星的評價，上面還有石橋貴明、榮倉奈奈等人的簽名。

日本人的吃・喝・玩・樂

情色風俗・藝術文化・運動博弈・時尚選美……

週末假期體會各種休閒，日本生活未必壓抑，

也可以很豐富！

18禁！佔歲收1/4強的情色產業

俗話說「食色性也」，情色生活是人類生活重要的一環，對許多「從小」就被飯島愛、朝岡實嶺、白石瞳，或是現在的三上悠亞、高橋聖子等知名AV女優「指導」過的台灣男性來說，相信對於日本的情色產業一點都不陌生吧。

不過平常看起來正經八百的日本人，實在令人難與情色聯想在一起，有些老一輩的台灣人會用「有禮無體」這句話來形容日本人，不過這麼說未必公允，畢竟外在的禮貌與行為舉止來自國民性與教養，而情色生活則是人類最根本的需求，任何國家任何種族都不例外，如果正面看待，日本的情色產業的發達，據說佔了日本政府全年稅收的四分之一，貢獻卓著。

其實日本自古以來，就有所謂「裸的文化」，認為人與人之間袒裎相見是種真誠的表現，加上日本人愛泡澡，家家戶戶幾乎都有浴缸，父母與小孩之間，會以泡澡作為聯繫彼此感情的媒介；過去隨處可見的錢湯，則是朋友放鬆聊天的好去處；至於溫泉更可以解放身心。

這種「裸的文化」也影響日本人的身體觀，還記得昭和時代日本的綜藝節目經常可見露兩點的演出，八卦雜誌裡也隨處可見露點照，滿地的成人雜誌更不用說。不過因應東京奧運的舉辦，加上日本政府力推觀光立國，擔心隨處可見的成人雜誌會嚇到大量增加的外國觀光客，有損日本形象，書商們開始自肅，成人情色雜誌也就漸漸消失在便利商店與書店中了。即便如此，日本的「異色」文化仍可見於大量的情色小說、介紹性生活的報章專欄，坊間甚至有所謂「混浴湯專門指南」等書籍。

金魔羅與鐵男根祭

此外，有些長達數百年歷史的祭典，以男性的陽具或是女性的性器作為崇拜的神祇與象徵，也吸引不少觀光客，為地方創造出龐大的觀光財。位於神奈川縣川崎市的金山神社就是這類「奇祭」的代表，它以每年四月第一個星期天舉辦的「鐵男根祭」聞名全球，吸引大批外國觀光客前來朝聖。這座神社主要是奉祀礦山與鍛冶之神「金山比古神」和「金山比賣神」，因此命名為金山神社。由於「金山」的日語讀音KANAYAMA與象徵男性陰莖的「金魔羅」（KANAMARA）發音相近，而日本神話中，女神伊邪那美命在生產時，由於陰部燒傷，臥病而亡，去世前其嘔吐物化作金山比古與金山比賣兩神，也與性有關，因此被人們聯想為性神，也被賦予金魔羅大神的封號。

說到日本最有名的繁華街，首推新宿的歌舞伎町一番街。

過去日本的便利商店也擺設大量成人雜誌，如今為了顧慮形象，已經看不到了。

鐵男根祭的主角，鐵男根神轎，吸引大批外國旅客前來朝聖。

鐵男根祭期間，人手一根棒棒糖的外國女孩們。男根棒棒糖相當受到歡迎。

「鐵男根祭」時，扛出來的神轎都是巨大男根，沿街店家也販賣著陰莖造型的糖果、或是繪有陰莖的T恤，讓人臉紅心跳。川崎之所以會有如此令人「震撼」的神社與祭典，是因為江戶時代當地是東海道川崎宿，有人的地方，色情產業自然興盛，許多娼妓與風俗業者到此參拜，除了祈求生意興隆，妓女們也期盼不會得到性病，之後還成為求子安產甚至求姻緣的地方。目前日本除了川崎，像是新潟縣的長岡市、靜岡縣的伊豆稻取、愛知縣小牧市的田縣神社豐年祭等，也都有參拜大型男根的神祇或是神轎。

日本的汽車旅館設備新穎，且十分隱密，是男女幽會的好去處。

A片・料亭・無料案內所

至於日本的現代風俗產業，除了具備完整「生產鏈」的A片產業（由NETFLIX製作、山田孝之主演的《全裸監督》／台譯《AV帝王》一片對這產業有完整介紹）；一般在繁華街常見的酒店、泡泡浴等都算稀鬆平常；許多地區型的「聚落」更是特色，像是東京的新宿、池袋、上野、澀谷、五反田等地便是，且因競爭激烈，所以店家也不斷推出新招，像是喇叭店、半套店、號稱大學生短大生專門店、熟女店、SM俱樂部、「芳療美容」店甚至派遣店，讓人目不暇給。

位於新宿的風林會館，是極富盛名的風俗產業大樓代表，
令人吃驚的是大樓的所有權者，居然是出身台灣。

酒店其實並非風俗產業，但有時遊走在「灰色地帶」，也常與風俗業共生。

日本知名的 A 片商 SOD 本社。

日本的風俗業種類繁多，有的風俗店主打「芳療美容」，號稱日本最大。

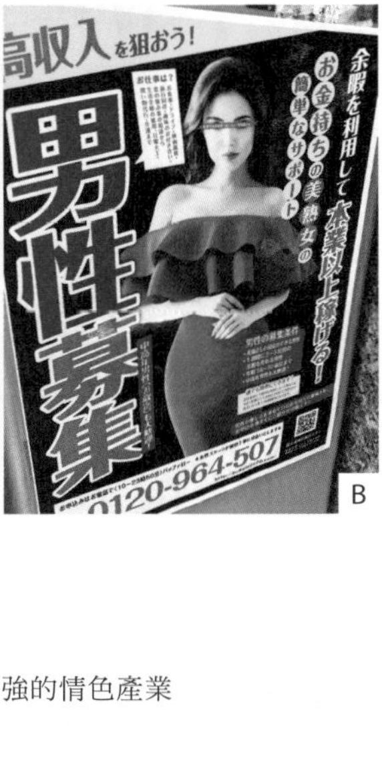

A 由於競爭激烈，有的店家還會直接將套餐看板放在路旁，供尋芳客參考。

B 男女平等的年代裡，這種徵求男性從業員的廣告，似乎還蠻有人氣的。

或許有些人會把「酒店」（キャバクラ）視為風俗產業的一部分，不過日本的酒店文化雖遊走於灰色地帶，基本上仍不算風俗業，酒店小姐（キャバクラ孃）也不算是風俗從業人員（雖然有些會兼差從事風俗或是拍A片）。至於風俗業本身，依照日本的法律規定，絕大多數是不可以進行「本番」行為（就是性交），畢竟許多風俗業甚至於是以「料理店」的名義開業，像是大阪相當知名的飛田新地，所有的店家都是名義上的「料亭」，當然上有政策下有對策，至於怎麼變更也就各自發展了。

令人五花繚亂的花花世界，讓尋歡的登徒子有時不知如何是好，這時如果有「老司機」，肯定是尋芳客的福音，於是隨處可見的「無料案內所」應運而生。從字面上看，就是「免費介紹」之意，有些店家還會特別加註「優良」或是「VIP」，彷彿入內就成了貴賓。這些案內所大多出現在人聲鼎沸的繁華街，而且招牌閃亮亮，但上面卻掛著18禁的標誌，其實這是由於風俗業競爭激烈，拉客嚴重，日本政府為此制定法律，禁止店家在路上拉客，業者只好另尋出路，衍生這種「無料案內所」——反正標榜免費介紹，客人自己踏進門來，既非拉客，自然也就沒有違法的問題。

這種窮則變、變則通的結果就是各大都市如雨後春筍般冒出一大堆無料案內所，也讓各地紛紛制定「風俗案內所規制條例」來規範這些無料案內。最早是大阪率先在二〇〇五年制定實施，內容大多規範案內所的營業時間、案內所必須遠離醫院與學校、案內所從業人員的年齡限制以及看板規範等。有了規範，大家就好辦事。或許有人會問，現在網路那麼發達，而且上網查似乎更有隱私，為何還需要這些案內所？當然這一方面是因為這些無料案內所興起時，行動上網還沒那麼發達，此外多數尋芳客是臨時起意，去無料案內所看看，感覺資訊多少比網上更真實些，加上還有折扣，這些案內所自然生意興隆了。

客人進入無料案內所之後，裡頭的員工就會開始依照客人的需求，介紹適合的店家；畢竟日本的風俗業發展至今，「分工」已很細緻，價格也有差異化，不同店家提供不同服務。這些無料案內所是跟店家收費，對客人確實是免費的，也由於競爭激烈，裡面不但設有廁所，在東京的案內所還為了因應東京都禁止路上吸煙的規定，直接成了吸煙區，甚至提供免費手機充電服務，不得不佩服這些店家。

還記得約莫二十年前，當時的日本流行大頭貼，手機剛普及，公共電話亭還遍佈各地。在那個年代，日本的風俗業就直接請小姐們拍一堆大頭貼，大量貼在電話亭的玻璃上，形成一幅相當特殊的景象。如今那個亂貼大頭貼破壞市容、四處拉客讓人心生畏懼的年代，早因法令規範而不復見，隨著網路與社群媒體的普及，風俗業者也逐漸將宣傳重心放在網路上，這些隨處可見的無料案內所，或許哪一天也會像曾經流行的A片販賣店一樣，因網路的發達而隨之消失吧。

A

A 過去許多播放色情片的電影院，不敵 A 片錄影帶與網路的普及，已逐漸減少，只剩下昭和大叔們到此回憶與排遣寂寞了。

B 這些無料案內所，有的還會加上 VIP 字樣，讓人有種尊榮感。

C 不斷進化的無料案內所，不但外觀變得更花俏，服務也更多，現在更多了廁所，還可以抽菸、為手機充電。

D 日本在 1990 年代末期，開始流行大頭貼，風俗業也跟上流行，將小姐們的大頭貼，直接貼在公共電話亭上面。

VIP
無料
案内所
VIP
B

インフォメーション
私は夜の華となる!!

渋谷
SHIBUYA
案内所
INFORMATION CENTER
C

貼紙厳禁
D

美的追求，從身體開始

身為台灣的六年級生，從小接觸的幾乎都是日本文化，尤其時尚潮流上，日本東京一直走在亞洲最先。記得剛出社會時，我常購買日本的男性時尚雜誌 *Men's non-no*，後來才知道這只是多到嚇死人的日本男性時尚雜誌中的一本，事實上日本時尚雜誌鎖定的年齡層從二十歲到六十歲以上都有，難怪走在路上的日本歐吉桑很多都看起來超有型，更遑論女性時尚誌了。

化妝，不分老少

據說日本女性大概八、九歲開始就有「美」的意識，加上日本人對於化妝相當風行，以前就常聽大人說，日本女性就連外出倒垃圾都得化妝。不僅如此，坊間的化妝品還依照年齡區分，十來歲的小女孩們就有專用化妝品，甚至於還有男性用的，這也反映出日本人對於化妝品的需求。

在台灣只要穿西裝上班，總是會有人問是不是晚上要參加婚禮；女生如果像日本女性一樣，特別化妝打扮，也會被問是不是要去約會。不過住在日本以後，輕鬆穿著外出，反而會感到有點不自在。日本人如此注重儀容外表，主要是社會相當重視禮節與美觀，認為這樣才是對他人的尊重，所以不論上班還是重要集會，都是西裝筆挺與套裝打扮，女性不化妝不出門，甚至連日本的暴力團成員也是西裝與長大衣，帥氣的很。

脫毛，不分男女

當然日本人對於美的追求可不僅止於化妝，長住日本後，才發現日本電車內經常充斥著脫毛廣告，在日本脫毛似乎是全民運動，甚至不時聽聞日本人無法忍受有手毛腳毛的女性，讓人無言。其實脫毛的歷史由來已久，西方基於宗教與美觀考量，早在西元前三至四世紀的希臘或羅馬人就有女性除毛的習慣，而男性刮鬍子時也會順便去除體毛，因此歐洲的脫毛行為，至少已有兩千多年的歷史了。

相較於西方，日本人的脫毛習俗則源自八世紀平安時代，當時為求皮膚光滑，所以使用如蛤蠣等貝類的殼來拔除體毛；江戶時代更進入日本脫毛高峰期，時人似乎相當討厭體毛，男性包含鬍鬚、腋毛與陰毛等體毛，能刮則刮，甚至於連眉毛都盡量拔光。當時日本的錢湯還會準備所謂的脫毛石，取自輕石或是貝殼，提供前來泡澡的男性用以除毛。至於女性就更不用講，尤其是風塵女子，簡直把全身脫毛作為招攬顧客的手段之一，宣稱全身越光滑越易招攬到顧客，不過女性脫毛方式與男性使用脫毛石不

日本人對於時尚的情報需求極大，書店雜誌區都會把時尚雜誌放在醒目之處。

同，是改用線香燒掉毛髮。

到了現代，脫毛首先源自醫療需求，進行某些部位的手術前，必須脫毛；需要老年照護時，也會就陰毛等脫毛，以方便照護員的作業，同時保持衛生。然而一九六〇年代開始，迷你裙與無袖洋裝開始在日本流行，許多愛美的女性為了美觀，所以開始去除腿部與腋下的體毛，也讓現代脫毛在日本開始流行。審美觀的改變加上藝人帶動風潮，日本脫毛越來越風行，而且不僅是女性，男性因近年流行草食男，所謂的美男子當道，許多日本男性甚至比女性更愛脫毛。日本人脫毛成痴，專門脫毛的美容診所風行各地，競爭激烈，熱衷脫毛的年齡

日本街頭林立美甲、美髮甚至美眉的專業店家。

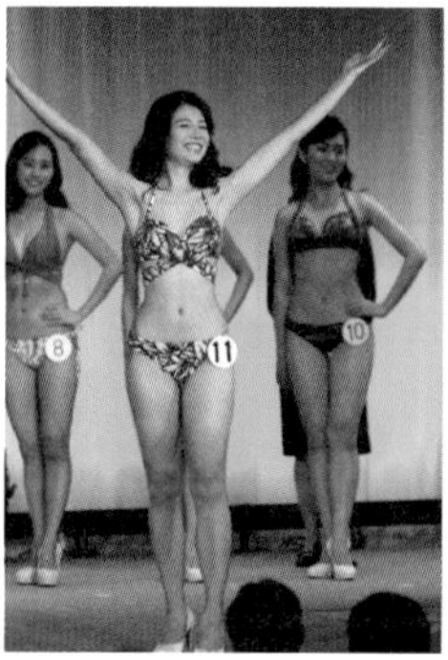

日本女性普遍上不論腋下、大腿還是手臂，都會進行脱毛。

日本的電車上，四處可見脱毛的廣告。

日本化妝品與保養品的品牌眾多，其中的花王最早是生產面皂，由於臉的日文是 KAO，與花王相同，因此依此命名。

層也逐漸降低，許多日本女性中學或高校就開始脫毛，所以從三月起，店家還會推出「脫毛學割」，提供學生脫毛特惠或是第一次脫毛免費等折扣，花招百出，就是為了爭取客源。

不管是化妝或脫毛，都體現日本人對美感與時尚的追求，「美」是許多日本人畢生追求的目標，像是近代大文豪三島由紀夫追求的「肉體美」，攝影大師篠山信紀追求「女體美」，對「美」的追求也反映在日本人對於「選美」的執著上。

花魁與選美

日本最早的選美源自江戶時代的吉原，這是江戶知名的繁華街，在這裡的花街女子為了增加自己的人氣，努力學習花道、茶道、書道、和歌、古箏甚至古典文學，藉以提升自己的地位。

吉原還會舉辦「選美比賽」，由恩客們投票支持自己心儀的遊女（妓女），讓她們得以獲得「太夫」或是「散茶」等花魁最高的位子。所謂「窈窕淑女，君子好逑」，能夠成為花魁不但達到遊女的至高地位，更是眾人的焦點，因為每到夜晚，吉原就會舉行花魁道中：[1]在龐大的遊行隊伍中，由禿（大約十歲左右的少女，為花魁指揮的雜役）、振袖新造（約十五、六歲的少女，本身為見習遊女）的簇擁下，花魁身著華麗的和服，腳踩相當高的木屐，以內八文字（大阪、京都等）或是外八文字（吉原）的動作往前移動，這樣的活動在土屋安娜主演的《惡女花魁》這部電影亦可一窺，而今許多地方祭典也會舉辦花魁道中，以吸引觀光客。

然而這類花魁選美活動，僅止於吉原花街之內，且只有花得起錢的高階武士或是豪商才有資格參加票選；類似現代的選美活動則可溯及一八九一年舉辦的「東京百美人」。當時日本最高的建築物——位於淺草的「凌雲閣」，為了吸引觀光客而舉辦選美，將一百位藝伎的照片，貼在凌雲閣樓梯的牆壁上，讓到場者一面往上走，一面決定要投票給誰。這次選美的參選資格仍有所限制（僅限藝妓參加），不過已開啟日本選美的歷史；要到一九〇七年美國的《芝加哥論壇報》舉辦「世界美人競賽」的日本區預選，當時命名為「全國美人寫真審查（良家淑女寫真競賽）」，參選資格才放寬到一般日本女性。

1 江戶時代的花街遊女，就是從事性服務的女性，因管理等因素，發展出一套階級制度，新入的見習遊女稱之為禿，依序往上為局女郎、新造。而成為遊女之後，便從端女郎開始逐漸往上，有河岸女郎、座席持、部屋持、梅茶、格子等各種階級，最高位則是太夫。不過吉原在十八世紀中取消了太夫的階級稱呼，最高位階的女郎改稱散茶或是花魁。基本上見習遊女牙齒不塗黑，而成為遊女後，則會將牙齒塗黑，以作為區別。

吉原的花魁道中陣仗頗大，廣為人知，因此現今不少地方都會以類似的遊行吸引觀光客，位於山口縣德山的祭典，酒店業者便以「德山女組」為名，模仿花魁道中出場。

日本人自古以來就有追求美的國民性，從美麗的和服即可略窺一二。

一九〇七的這場選美由「時事新報（現為產經新聞旗下）」承辦，共兩百一十五名來自日本各地的美女進入複賽，從中選出十二位獲獎者。其中第一名是出身福岡縣小倉市的末弘廣子，她不但是日本第一位選美佳麗，還代表日本參加世界美人競賽榮獲第六名，成為日本第一位參加國際選美比賽且獲獎的女性。

這位末弘廣子不但家世顯赫，父親是小倉市長，參加選美後還嫁給貴族院議員野津鎮之助，成為侯爵夫人，成為一時美談，而日本人也越來越能接受選美這個活動了。二戰後，日本百廢待舉，為了感謝美援並象徵戰後日美友好，一九五〇年，日本決定派遣女性親善大使前往美國。這個契機讓讀賣新聞社等媒體發起第一屆日本小姐選美，並選出當時相當知名的女星山本富士子為第一屆日本小姐。不過這個選美舉辦兩屆之後便中斷，直到一九六八年再度開辦，時至今日已有五十多年的歷史。此後，日本的選美活動只增不減，而且遍及全國，各地為了推展觀光，紛紛舉辦各種選美，吸引當地的年輕女孩參加，例如青森縣的蘋果小姐、茨城縣水戶市的梅娘等，這些選美優勝者除了替當地特色與特產品宣傳，也會代表當地政府出國推廣觀光。

這股選美熱潮也吹進了日本校園，許多知名大學在學園祭，舉辦校花校草選拔活動，選出 MISS 東大、MISS 慶應、MISS 上智或是 MISS 早稻田等校園美女，或是 MR.慶應、MR.東大、MR.立教等大學先生。由於才色兼備，這些榮獲校園美女與大學先生殊榮者，大多獲得電視台的青睞，很多都成為電視台主播，也因此校園選美活動，就成了電視主播的搖籃。

當然日本選美活動不只這些，不過在女性意識日益抬頭的今天，選美活動本身也引發許多負評，或許有一天終會走入歷史。然而日本也不是只有女性選美，髮量少的男士，也可以因為「增毛」而選美。日本知名的增髮機構愛德蘭絲便舉辦「愛德蘭絲先生」選拔比賽，對我們這些髮量稀少的男性來說，真是一大福音啊！

說到髮量少，確實是個令人困擾的問題。日本藥妝店販賣許多生髮藥品，坊間也有不少增毛專門機構，除了剛剛提到的愛德蘭絲，在日本還有REVE21或是ART NATURE等品牌，可見這個市場的需求有多大。日本人對於外在美的追求遠不止於此，舉凡身材、體態、髮型，甚至美甲等，各種美感與時尚，都發展出龐大的商機與產業，有時都覺得似乎成為商人的「禁臠」。走在路上，常覺得多數日本人都好苗條，顯得本人相當「肥滿」，不由得讓人自覺必須多去健身房運動了！

A

B

A 日本的選美歷史相當悠久，日本小姐選美至今已五十多屆。

B 除了美男美女的選美活動，日本各地的吉祥物也有選美，像這幾隻參加台灣祭的吉祥物，都是人氣票選的常客。

C 愛美不只有化妝美容，瘦身健美也是相當重要的一環。

D 日本增毛的藥品也有很多。

E 電車內增毛與脱毛廣告並行的有趣畫面。

C

D

E

看展演！傳統與現代兼備的藝文活動

日本作為文化大國，自古累積深厚的文化底蘊。明治維新後，西洋文化傳入，經過和洋雙方的碰撞與融合，加上二戰後日本人毫無保留的吸收美國文化，都讓這塊土地發展出與眾不同、新舊交替、傳統與現代無違和感的共存。

這種多元的發展導致日本藝文休閒活動相當蓬勃，熱愛歷史與文化藝術的我，旅居日本後如入寶庫，除了盡情享受豐富的藝文生活，也深深感受到國力堅強不僅建立在國防經濟等項目，文化更是一國得以立足世界的重心。

博物館・美術館

日本首都東京便有為數眾多的博物館與美術館，根據二〇一五年的統計，東京共有二七二處博物館相關館處，其中綜合博物館就有四十家，公私立美術館有八十五家，公私立歷史博物館更高達一百零六家，科學方面的博物館也有二十一家，相當令人稱羨。

一般來說，東京都高中以下的學生進入這些博物館幾乎都是免費，而且各級學校也有相關的課外教學活動，會帶領學生參觀這些館處，可說是日本人教養中相當重要的一環。或許是日本教育特別重視藝術及人文教育，也讓日本人骨子裡就有相當程度的美學素養，回想起台灣當年的國中或小學教育，老師常把美術、音樂與工藝等課程私自改為國文、數學等聯考主要考科，難怪台灣不少關心教育的民眾認為人文教育的不足或不重視，導致如今台灣人普遍缺乏美學素養。

當然日本也曾經歷過一段功利主義的時代，但基本上整個教育體制與這些博物館、美術館仍密切搭配；也由於美術館與博物館相當普及，參觀館處成為顯學，良性循環下，這些館處得以持續經營，館方更願意投入資源舉辦特展，推出文創，吸引民眾。

雖說東京各地都有大小不一的博物館和美術館，不過我最常逛的其實是大家都知道的上野公園。上野公園境內擁有東京都內最龐大的博物館、美術館群，猶如美國首都華盛頓特區，位於國家廣場周邊的史密森尼學會（Smithsonian Institution）博物館群一般。江戶時代，上野公園這個地方是德川幕府歷代將軍墓所之一的寬永寺，不過幕末時因政府軍與挺幕派在此作戰，讓寬永寺內的許多伽藍（精舍）遭焚毀淪為廢墟。一八七〇年，明治政府原本希望利用這裡興建現代化的醫學校，受聘前來規劃的荷蘭醫師安東尼．柏杜恩（Anthonius Franciscus Bauduin）卻認為此地應該興建公園，最後成為現今的上野公園，並於一八七三年正式啟用。

作為日本第一座現代化公園，上野公園具有休憩與教育的功能，內有古蹟如上野東照宮、清水觀音堂、德川家靈廟與寬永寺，明治時代為了培育藝術教育人才而成立的東京美術學校以及東京音樂學校，也座落其中。（這兩所學校後來在一九五二年合併為國立東京藝術大學，成為培育日本藝術人才的搖籃之一。）由於這些聯結，上野公園逐漸成為藝術集中地，包括東京藝大美術館、東京國立博物館、東京都美術館、上野之森美術館、國立西洋美術館、國立科學博物館、文化會館等各類藝文館處共十二所，以及日本學士院與日本藝術院也位於此地。

這麼多館處的精彩展覽根本看不完，而且多是國際上享譽盛名的珍寶與畫作，像是收藏在義大利佛羅倫斯的烏菲茲美術館、由文藝復興巨匠波提切利（Sandro Botticelli）所繪的名作「三博士來朝」，就曾在二〇一六年初隨著波提切利的其他畫作一同在東京都美術館展出；台灣的故宮國寶如翠玉白菜等，二〇一四年也在東京國立博物館展出，很久沒逛故宮的我還為此跑去看展。至於由法國建築大師柯比意設計、已被列入世界文化遺產的國立西洋美術館，館藏更是精彩，包括莫內、梵谷、畢卡索、羅丹等巨匠的作品，在這裡都可看到。

整個東京除了上野公園，還有位於六本木的國立新美術館，相信許多台灣的動漫迷應該不陌生，二〇一六年的賣座動畫《你的名字》裡，男主角與學姊約會的場景就

上野公園內的國立西洋美術館，是法國建築大師柯比意的作品，目前已被列入世界文化遺產。

上野公園擁有東京都內規模最大的博物館、美術館群，其中成立於 1872 年的東京國立博物館，是最早成立的博物館。

在國立新美術館。這棟二〇〇七年完工的大型美術館，空間相當寬敞，可同時舉辦多場大型美展，加上交通便利，開館後受到許多都民的喜愛，也是情侶約會的場所。

公立的美術館之外，日本也有不少私人美術館／博物館，許多是大企業成立的，一方面介紹這些企業的光榮歷史，另一方面主要還是展示日本企業家對於藝術品的收藏與熱愛。其實早在明治維新時，日本大財閥便熱衷於蒐藏歐洲名家的藝術品和古董，除了展現自家的經濟實力，也有種日本人與歐美列強一樣的暴發戶心態。直到一九八〇年代，日本因泡沫經濟成為世界第二大經濟體，日本企業購買美國房地產或併購外國企業之餘，也將目標鎖定在拍賣市場上的高價藝術品。最有名的例子，就是一九八七年的安田海上火災保險（現今的損保日本興亞）的會長後藤康男，他以四千萬美金的高價，在倫敦佳士得拍賣會上標下了梵谷的名作「花瓶裡的十四朵向日葵」，目前收藏在「損保日本興亞東鄉青兒美術館」中。另外也有三菱集團二〇〇九年在東京丸之內復原的三菱一號館，他們將這棟美麗的紅磚建築規劃為「三菱一號館美術館」，蒐藏了法國印象派大師羅特列克（Toulouse Lautrec）的兩百多幅作品，以及兩百多件歐洲日本主義時期[1]的藝術品。

能樂・狂言・歌舞伎

對於不少藝術控來說，在日本是幸福的，畢竟不用出國就得以看到許多名家畫作或是各國的國寶，光這點就羨煞不少人。除了看展，喜歡觀賞表演的朋友也不會失望，日本的藝文表演種類非常多元，不管是傳統表演文化或是移植自百老匯的西洋音樂劇、寶塚或是舞台劇、甚至於搞笑漫才等，可說應有盡有。

日本存在許多承襲古時的藝文活動，例如能樂或歌舞伎，至今仍是頗受尊敬的傳統藝術，不少演出者名列國寶。能樂源自平安時代，已有千年的歷史，最早是從中國傳至日本的伎樂與散樂，在朝廷的保護下，最後於室町時代發展完成。能樂最初用於秋收祭神和娛樂大眾，在朝廷的刻意培植下，與雅樂逐漸廣為一般民眾所接納。能樂共分三大部分，包含「狂言」（古典滑稽娛樂劇）、式三番（神道教祭祀表演）與能劇，

1　日本在江戶時代雖然進入鎖國年代，不過仍允許荷蘭商人在九州長崎與日本進行貿易，因此有不少日本的工藝品、絲綢品、茶葉、陶藝瓷器等輸往歐洲。這些產品大多以廣告浮世繪、漫畫等紙張包裝保護，沒想到引起歐洲藝術家的注意。十九世紀中葉日本開國，大量日本藝術品獲得歐洲人士的青睞，更影響了英法等歐洲藝術家的創作，包括馬奈、梵谷、莫內、竇加等印象派畫家，紛紛臨摹日本的傳統畫風，就連 LV 創辦人路易・威登也以日本的家紋作為 LV 包的花紋設計靈感，日本藝術強烈影響歐洲長達三十年，因而被稱之為「歐洲日本主義時期」。

國立新美術館位於六本木，是黑川紀章的作品。

國立新美術館內的餐廳，曾出現在超夯動畫「你的名字」裡。

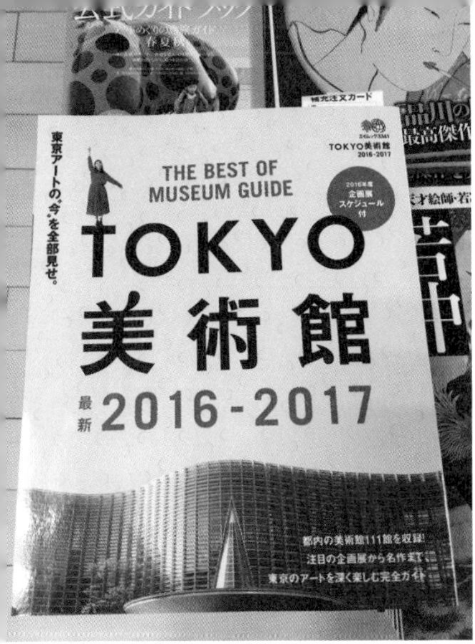

日本有許多出版社，每年都會出版美術鑑賞手冊，提供給愛看展的日本人一整年的展覽資訊。

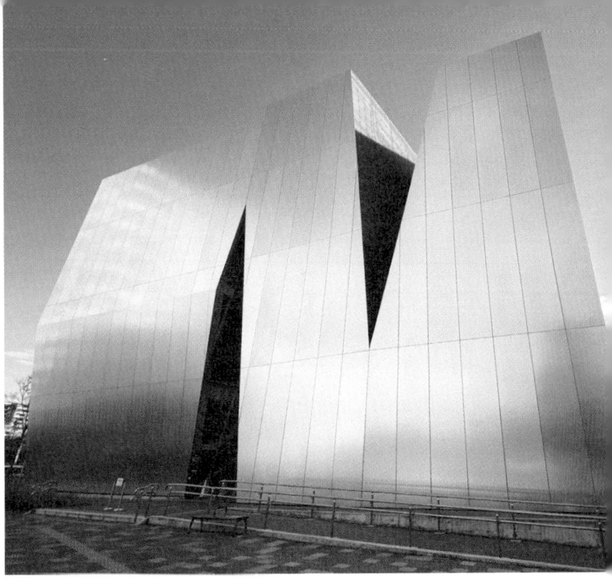

位於東京墨田區的北齋美術館，造型相當獨特。

三菱一號館美術館，復原於 2009 年。

能劇與狂言乍看相似，但狂言是娛樂大眾為主，所以會有大量台詞，且不戴面具；至於能劇則是在祭典或是秋收時，表演給神明看，所以樂風古典，除了吟詠曲目，只以面具與肢體動作表現意境。

另一種和狂言類似的傳統藝能是歌舞伎，發展自日本戰國時代末期，主要也是為了娛樂大眾，據說最初是遊女（江戶時代的妓女）演出，後來因醉翁之意不在酒，演出後賣淫，吸引許多登徒子光顧，因而遭到幕府禁演，最後從事歌舞伎表演就全由男性擔綱了。歌舞伎可分為「歌舞伎舞踊」與「歌舞伎狂言」兩大類，以字面來看，前者以舞蹈為主，這也是最早的歌舞伎表演方式；後者有劇本也有大量台詞，與狂言類似，某些劇情也重複，不過歌舞伎的表演服裝比起能劇和狂言更加華麗，表演的樂器更加複雜，還增加了如腳步、鳥鳴等效果音，可說歌舞伎更加貼近大眾。

身為這些傳統藝能的表演者，不管是能劇師、狂言師或是歌舞伎，主要的流派幾乎都是世襲。以人數最多的歌舞伎來說，許多涉足演藝界的歌舞伎像是片岡愛之助、市川團十郎、市川海老藏、松本白鸚與松本幸四郎父子（就是日本知名女星松隆子的父親與哥哥）、市川中車（香川照之），以及狂言師野村萬齋等都享譽盛名。有趣的是，狂言與歌舞伎還有「襲名」的傳統，就是兒子繼承父親的藝名。因此有時一位歌舞伎從小到大，會更改數次藝名，像目前的市川團十郎，已是第十二代，他的兒子十一代目市川海老藏，不但預定為十三代目市川團十郎，且過去還曾為七代目市川新之助；而能劇目前則沒有這個習俗。

由於目的性不同，因此能劇、狂言與歌舞伎的表演處所也不太一樣，一般能樂（尤其是能劇）是演給神看的，主要是在神社前的舞台（當然現代能劇也設有能樂堂，專門表演給一般觀眾欣賞）；至於歌舞伎則主要是在歌舞伎座表演，目前包括東京、京都、大阪等大都市都有歌舞伎座。

能樂與歌舞伎由於藝術價值高，目前不但被日本政府列為文化財，也被聯合國教科文組織列入非物質文化遺產，在日本國內也有極高的評價與支持。此外日本的傳統表演藝術尚有淨琉璃、雅樂、日本舞等，以及更加庶民的「落語」和「漫才」，種類相當豐富。「落語」和「漫才」有點類似華人的相聲，主要是娛樂觀眾，由於經常可在電視上見到，也是現今搞笑藝人的主流之一，是目前日本最普遍的傳統藝能。

舞台劇・寶塚歌劇團

除了這些傳統藝能，日本的西式藝能表演也相當發達，像是我相當喜愛的音樂劇就獲得廣大日本民眾的喜愛。其中影響最大的劇團「四季」，可說是日本音樂劇的佼佼者，一九五三年由日本名演出家淺利慶太創立，自一九七九年起陸續演出移植自美國

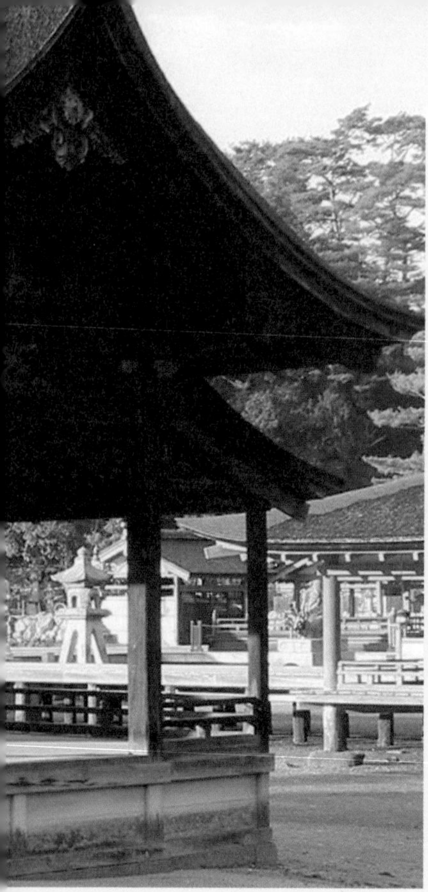

A

B

C

A 京都歌舞伎座，是歌舞伎的表演場所之一。

B 落語的老牌電視節目「笑點」，自 1966 年開播至今，有龐大的觀眾群，最有名的就是落語家們可以用獲得坐墊的多寡，來代表段子受歡迎的程度。

C 大阪是漫才的激戰地，也有許多漫才的表演場所。

目前現存最古老的能樂舞台，位於廣島縣嚴島神社能舞台，1680 年建立。

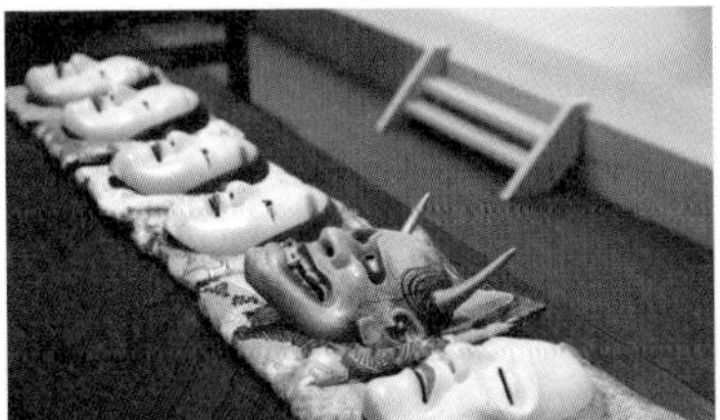

能劇所使用的各種面具（能面），是能劇相當重要的部分，每個都有不同的意義。

喜多流能樂師粟谷明生大師，為人間國寶粟谷菊生長男。

紐約百老匯的音樂劇，獲得極大迴響。目前「四季」在東京、橫濱、名古屋、京都、大阪、福岡、札幌等各大都市擁有專屬劇場，旗下有七百名演員、三百五十名技術人員與三百五十名營業人員，演出獅子王、貓、美女與野獸、小美人魚、歌劇魅影等膾炙人口的作品，一年演出高達三千五百場次，約吸引三百萬人觀劇，可見其受歡迎的程度。

而另一支更受到矚目的表演團隊，則是位於關西的寶塚，表演人員清一色都是未婚女性的寶塚歌劇團，歷史更加悠久，成立於一九一四年，為關西大手私鐵阪急電鐵旗下事業。在台灣也有相當龐大粉絲的寶塚歌劇團，共分為花、月、雪、星、宙五組，飾演男性角色者稱為「男役」，飾演女性者稱為「娘役」，每個組的成員從下到上，宛如一個金字塔，站在最頂峰的就是主演男役，是每個組的核心人物，因此又被稱為「TOP STAR」，飾演女主角者則稱為主演娘役，或是稱為「TOP娘役」。

寶塚歌劇團除了在兵庫縣寶塚市擁有劇場，在劇場旁也有專屬飯店，裡頭的房間還會陳列寶塚女星們實際使用過的道具與服裝，吸引不少粉絲前來朝聖。此外東京有樂町也有東京寶塚劇場，只要一開演，劇場外就是萬頭鑽動，十分熱鬧。

寶塚為了長期培育表演人才，特別成立兩年制的寶塚音樂學校，並在一九一八年由文部省認可立案，招收有志的少女，可以說目前寶塚的成員都出自這所學校，知名

東京寶塚劇場，是寶塚歌劇團兩個主要表演劇場之一，也是寶塚迷的聖地。

日本各地的學校都有學生組成的鼓號樂團，經常會在鄉親面前表演。

女星天海祐希、黑木瞳、真矢美季等人都是從這裡畢業的，許多懷抱星夢的少女們，也希望可以踏進這座窄門。這幾年寶塚音樂學校的錄取錄大概都在百分之五上下，一九九四年還曾出現過百分之二的史上最低錄取率，可見想要進入寶塚有多麼困難，坊間甚至於有「東之東大、西之寶塚」的說法。

寶塚歌劇團成立超過百年，在全世界都有極高知名度與大量粉絲。欣賞這些專業經典的表演之餘，一般日本民眾也會參加社團、學習樂器，在祭典或是週末活動演出。假日如果出門散步，車站前常會看到這些小朋友或大道藝人（台灣稱街頭藝人）的表演，不管是音樂、表演藝術或是魔術，都是一種享受，許多爸媽也會帶著小孩在旁觀賞，或許日本人的藝術美感，就是從這一點一滴之中逐漸累積吧！

瘋體育！熱血多元的運動賽事

小時候有一次去親戚家看到一捲「日本職棒集錦（プロ野球珍プレ）」的兩小時錄影帶，才知道除了威廉波特世界少棒錦標賽之外，居然還有日本職棒這種棒球賽。這個節目開啟我對棒球的理解，這才明瞭原來世界全壘打王王貞治打的是甲子園跟日本職棒，而不是勞德岱堡青棒賽跟洲際盃。高中時，家裡裝了小耳朵，開始收視日本的衛星放送，雖然只有兩台NHK頻道，但除了日本職棒外，還有美國職棒大聯盟，透過NHK的直播，也得以完整觀賞一九八八年的漢城（現稱首爾）奧運賽事。

那一年的日本代表團只拿到四金三銀七銅共十四面獎牌，是日本在一九五六年墨爾本奧運以來，獎牌數最少的一屆（一九九六年亞特蘭大奧運同樣是十四面獎牌），不過對照獎牌榜鴨蛋、只靠著跆拳道拿下兩面示範賽金牌的台灣代表隊，這樣的格差對十六歲的我來說，震撼很大。

隨著年紀漸長，發現日本其實全民瘋體育，日本的體育選手在世界體壇發光發熱，多少也刺激了從事體育的人口。棒球與足球可說是日本最熱門的兩種運動賽事，日本小孩不是打棒球就是踢足球，這兩種職業運動受到最多人支持，體質相當完備。

野球・蹴球

棒球在日本稱為野球，這個翻譯是由東京帝大出身的中馬庚於一八九四年所翻譯的。中馬庚本身也是棒球選手，當時日本已有不少人玩起這個源自於美國的球類運動。最早將棒球帶進日本的，是一八七一年以御用外國人身分到日本，在「東京開成學校（現在的東京大學）」教授英文的美國人霍雷斯・威爾森（Horace Wilson），在他的指導下，該校學生開始打棒球，也讓棒球開始在日本生根發芽。

一八七八年日本成立了第一支棒球隊「新橋體育俱樂部（新橋アスレチック倶楽部）」，之後各地球隊如雨後春筍般冒出，棒球逐漸普及。一九一五年的日本，包含當時作為殖民地的台灣與朝鮮，不管是舊制中學校、舊制高校與大學，打棒球都是相當普遍的運動，這一年聞名遐邇的夏季甲子園開打，成為日本高中球兒的殿堂。

一九三四年讀賣巨人隊成立，兩年後日本職業野球聯盟成立，日本職棒就此展開。二次大戰後職業球隊變多，一九五〇年時已有八支球隊，而當年成立日職聯盟的日本職棒之父正力松太郎，參考了美國大聯盟的制度，將原有的日職聯盟改成中央聯盟與太平洋聯盟，並成立日本野球機構（NPB）管理。這樣的構想很快獲得支持，許多球隊紛紛加盟，最多曾有過十六支球隊，目前則是十二支球隊體制。可以說日本職棒是日本的老牌運動聯盟，觀戰人數相當多，中央聯盟在二〇一九年有一四八七萬人次，平均一場三萬四千人，至於太平洋聯盟則是一一六七萬人次，平均每場兩萬七千人左右。

職業棒球這個龐大產業捧紅了不少球星，薪資更是傲人。目前日職年薪最高的是從大聯盟紐約洋基返日，重回老東家的田中將大（截至二〇二一年為止），推定年薪高達九億日幣（折合台幣約兩億三千萬），難怪羨煞台灣的職棒球員，而且日職年薪破億的球員超過百人，自然是許多野球少年的夢想去處。

雖說棒球仍是日本國球，不過日職也曾經歷過威脅，其最大挑戰者就是日本職業足球。足球是全世界最普及、且最受歡迎的球類運動，在日本也相當受到年輕人的喜愛。日本的足球漢字寫作「蹴球」，語源自平安時代的王公貴族們，都會進行一種類似足球的運動「蹴鞠」。

明治維新時，旅居橫濱外國人居住地的外國人帶來了現代足球，日本人才開始了解這項球類運動。一八七〇年明治政府推動富國強兵政策，為了鍛鍊日本人的身心，極力推展運動，足球也被日本政府列入「戶外遊戲法」的其中一個項日。

一九二一年，日本足球協會成立，負責在日本推展足球運動，舉辦日本國內各項足球賽事，並籌組國家代表隊參加國際比賽。日本足球協會的LOGO是一隻腳抓著一顆足球的八咫烏，八咫烏是日本的神鳥，傳說日本皇室的象徵三項神器，就是由八咫烏帶來的，也因此從一九三一年起成為日本足球協會的會徽。

日職DeNA海灣之星隊的主場橫濱球場，日職的在地化做得很好，主場的死忠支持者相當多，即便是與巨人隊比賽，場內也幾乎是一片藍。

職業棒球是日本人最熱愛的球類運動之一，已有相當悠久的歷史（照片為廣島鯉魚隊與東京養樂多燕子隊的賽事）。

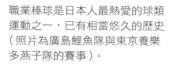

日本職業足球J聯盟成立於一九九三年，最初有十支球隊，目前則有五十七支球隊，組織相當龐大，而且深入許多地方都市，相較於日本職棒，日本職足更加接地氣。一九九九年J聯盟開始實施升降制度，將加盟的球隊分為J1及J2等級，二〇一四年新增J3等級，三個等級有各自的聯賽，並且依照年度戰績以及升等賽讓球隊可以升等或是被降級。目前J1聯賽共有二十支球隊，J2聯賽則是二十二支、J3則有十五支，自從J聯盟成立之後，日本的足球實力突飛猛進，過去在亞洲成績平平的日本男子足球隊，自一九九八年法國世界盃開始，已連續六屆踢進會內賽（截至二〇二〇年為止），在世界排名也相當不錯，已屬於世界一流的球隊；至於女子足球更曾奪得世界盃冠軍，實力堅強。

除了職棒與職足，二〇一九年日本世界盃大放異彩的橄欖球，也是這幾年相當夯的運動，此外還有歷史悠久的高爾夫球、目前擁有錦織圭（男子）與大阪直美（女子）兩位名將的網球，以及二〇一五年整合成功，讓原本多頭馬車且實力二流的日本籃壇，成立職業籃球B聯盟，如今大幅提升水準的日本職籃，都獲得許多民眾喜愛。

運動賽事這麼多，對我來說，棒球還是首選。住在日本的這幾年，陸續去過關東的幾個職棒球場，像是東京巨蛋、明治神宮球場、西武巨蛋跟橫濱球場等，雖然這幾年台灣的中職觀戰舒適度已提升不少，但相較之下，在日本看球還真的是一種享受。

A

C

B

E

D

A 日本職足 J 聯盟的成功，也讓喜愛足球的小孩暴增，不少社區都有足球俱樂部，經常在假日進行比賽。

B 日本棒球場相當有名的特色，就是啤酒妹販賣冰涼啤酒。

C 讀賣巨人隊是日本歷史最悠久的職棒隊伍，啦啦隊使用巨人隊的橘色系。

F

G

H

I

J

D 日本很多社區主辦活動時，常會封路舉辦許多運動比賽，像是拳擊、三對三籃球、或是沙灘排球。

E 日本曾在2019年舉辦世界盃橄欖球賽，也讓橄欖球在近幾年獲得不錯的人氣（圖為秩父宮記念橄欖球場）。

F 日本網球名將錦織圭，在日本是家喻戶曉的球星，日本航空還曾推出錦織圭彩繪機。

G 日本人從小就培養運動。

H 養樂多燕子隊相當有名的小雨傘。

I 日本人熱愛運動，加上有不少運動明星加持，坊間的運動雜誌及書籍相當多。

J 自行車運動在日本相當普及，甚至獲得海外旅客的目光，愛媛縣知事率隊宣傳瀨戶內海相當知名的路線「島波海道」。

首先每個球場都有VIP室，不管是設備或服務都比照星級大飯店，提供的餐點也是高級享受，一切都讓人賓至如歸，觀戰的位置也是本壘後方的最佳角度，只能說錢花得值得。當然VIP室所費不貲，也不是一般庶民百姓所能體驗，但就算是一般座位區，除了看比賽，可愛美麗的啤酒妹也是一大特色。職棒比賽是日本啤酒一大戰場，畢竟日職比賽是在每年的四月到十月舉行，炎炎夏日觀戰，若能喝杯冰涼的啤酒，真是人生至福，各大啤酒商都有許多啤酒妹穿著運動短裙或短褲，背著啤酒桶穿梭於座位區，這樣的行銷方式也只有日本才有。

此外，日職各隊球場也各有特色，像是養樂多燕子隊的主場明治神宮球場，吉祥物燕九郎號稱是日職各隊裡最「鬼畜」（賤）的，有時還會踹對戰球隊的吉祥物下體，讓人傻眼。此外在神宮球場還有舉雨傘唱東京音頭的傳統；至於西武巨蛋的外野座席則是一片人工草坪，觀眾可以自己帶坐墊來，甚至可以自帶躺椅看球。

經過幾十年的經營，日本職棒在地化相當深，最有名的兩個例子就是廣島東洋鯉魚隊和北海道日本火腿隊，廣島鯉魚隊是在一九四九年成立，主要是由廣島縣廳、廣島市、吳市、中國新聞社以及廣島當地的企業出資組成，不過由於經費不足，廣島人便發起募款，資助廣島鯉魚隊，並且在一九五七年搬到廣島市民球場，直到二〇一〇年搬到新的廣島市民球場（冠名後改稱馬自達 Zoom-Zoom 廣島球場）。也因為有這一層關係，廣島人與廣島鯉魚隊的關係，一直是相當特殊的存在，喜歡日本職棒的朋友們，一定很清楚這段歷史。

至於北海道日本火腿隊，原本主場在東京巨蛋，跟讀賣巨人隊使用同一個球場，不過二〇〇四年毅然搬到札幌巨蛋後，就成了北海道的代表。或許是歷史因素使然，日本人對於自身在地認同相當強烈，各地也有所謂的縣民氣質，有自己獨特的文化，這在職棒支持者身上也有所體現。我最常搭乘的JR京濱東北線，是一條串連起埼玉縣、東京都與神奈川縣的通勤鐵道，有一年的中央聯盟季後賽第一輪，剛好是東京讀賣巨人對上橫濱DeNA，由於對戰主場在東京巨蛋，眼前出現大批穿著橫濱隊服裝的神奈川縣民，搭著火車進東京，場面相當壯觀。又我很喜歡的一家居酒屋位於橫濱新子安，每次去喝酒，店裡的電視都是播橫濱隊的比賽，老闆也是忠貞的橫濱隊球迷。至於大阪人對阪神虎隊的熱愛，就更可怕了。我有位議員朋友，選的是東京都議員，一次吃飯問他東京人是不是都支持巨人隊，他說如果東京人的話是沒錯，但他是阪神虎的球迷，我嚇了一跳，原來他是在大阪出生長大，自稱即便在東京念大學然後就業，骨子裡也是絕不會背叛阪神虎的！

近年如果要說還有什麼跟野球一樣吸引外國運動迷的，可能就是「東馬」了！

C

A

E

B

A 東馬的高知名度，每年都吸引三萬多人參加。

B 東京馬拉松是世界六大馬拉松之一，自東京車站丸之內口廣場完工後就成為東馬的終點。

D

C 2020東京奧運終於在2021年7月舉行，成為史上第一次延期舉辦的奧運會。

D 已經落成的東京奧運主場館「新國立競技場」，是以森林與木的意向設計。

E 新國立競技場看台上的座椅設計，是以陽光透過森林樹木的意象來設計，因此綠色為樹葉、咖啡色則是土地，而白色則是陽光。

馬拉松

看球賽或是運動賽事當然精彩，不過畢竟不是自己運動，日本人過去崇尚武德，明治維新後強調鍛鍊身心，因此將英語的 sport 譯為「體育」，字面的意思就是鍛鍊身心體能的教育，這也是日本人風行運動的主因之一。近年台灣很流行的長跑及馬拉松，在日本已有相當久的歷史，不管是男子或是女子長跑，日本一直都有不少名將，也在國際賽事獲得相當好的成績。

日本的長跑之父金栗四三是第一個參加奧運的馬拉松選手，他在一九一二年參加斯德哥爾摩奧運時，因為水土不服，半路昏厥，被村民救起，之後跟隨日本代表團返國，卻被主辦單位判定失蹤，直到一九六七年三月才在瑞典電視台的安排下，重回斯德哥爾摩完賽，四十二公里的里程跑了五十四年八個月六天五小時三十二分，創下再也不可能有的史上最慢世界紀錄。金栗四三回日本後，訓練許多長跑選手，還催生了每年日本新年時都會開跑的箱根驛傳，奠定日本長跑在世界的實力。

說起第一個舉辦日本馬拉松比賽的，則是一九〇九年在神戶市舉辦的「馬拉松大競爭」，因此神戶市役所前面設立了日本馬拉松發祥地的紀念碑，時至今日，日本全國各地每年都會舉辦四十五場規模大小不等的馬拉松賽，有的是國際知名比賽，有的以推廣運動與地方觀光為主。這當中規模最大、最具知名度的，就是每年三月舉辦、名列世界六大馬拉松之一的「東京馬拉松」。東京馬拉松早在一九八一年就開始舉辦，二〇〇七年整合了一九七九年起的「東京國際女子馬拉松」，成為男女皆可參加的「東京馬拉松」。

東京馬拉松除了正規賽之外，尚有十公里賽以及輪椅馬拉松，每年都吸引三萬多人參加，是國際上相當知名的馬拉松賽事，名列世界田徑總會的世界馬拉松大滿貫之一（其他包括波士頓、倫敦、柏林、芝加哥、紐約、世界田徑賽與奧運的馬拉松比賽）。近年吸引了各國好手及長跑愛好者，報名者高達三十萬人之譜，但僅有三萬七千五百個名額，所以中籤率僅有百分之十二。除了東京馬拉松，還有像是京都馬拉松、大阪馬拉松、福岡國際馬拉松等，不少熱愛跑步的國人都會報名參加。

「多運動，身體好」這個道理人人都懂，現代人文明病多，但天天忙碌的日本上班族實在沒太多時間可以運動，這個時候就得利用健身房了。身為家庭煮夫的我總是利用下午去健身房，這個時段會遇到的多是銀髮族或是日本太太們，本以為少了上班族會比較空，事與願違，還是得搶跑步機，只能說日本人愛運動真不是蓋的！

什麼都可以賭

「賭性堅強」這句話，似乎在哪裡都適用，包括日本。像我這種從小學就會打麻將的頑劣份子，對於賭這件事情倒不那麼熱衷，只是偶而小玩一下，以前台灣有愛國獎券，一九九九年起發行公益彩券跟後來的運動彩券，逢年過節買張彩券或是刮刮樂懷抱發財夢也就夠了，全槓龜就當捐公益，也樂在其中。

搬到日本後，才發現日本人原來玩得更多更精彩。其實日本政府與台灣一樣，並沒有開放博弈事業或是賭博合法，然而賭博乃人類的天性，如果是政府主導，以公益為前提，為民眾謀福利，那小賭一下似乎也無妨；此外有些類似的活動則被視為「益智遊戲」列入娛樂事業，只要沒有金錢交易就不致違法。

寶籤．柏青哥．麻雀

可以說，在日本，什麼都不能賭，但卻又什麼都可以賭；種類之多，令人眼花撩亂。像是到處都有販售樂透以及彩券的寶籤（宝くじ）。日本的寶籤跟台灣的公益彩券或是運動彩券一樣，由政府發行，銀行承辦，一九四四年因為戰爭而制定「臨時資金調整法」，提供發行彩券的法源，戰後因各地復興建設之需，所以在一九四六年修法，

A

B

C

D

E

A 如同台灣的彩券投注站，日本的寶籤投注站遍佈各地，常吸引不少民眾上門試手氣。

B 日本有許多麻將團體，照片中的團體使用的漢字並非日本常見的「麻雀」，而是華語中的「麻將」。

C 柏青哥在日本是許多人消磨時間的去處。

D 根據法令規定，柏青哥是不能直接兌換金錢，因此柏青哥店附近，都會有 TUC 等小店，可以憑券合法換錢。

E 在日本，只要向警政單位申請核可便可開設雀莊，供民眾合法打麻將。

開放讓地方政府可以發行彩券募資，福井縣在同年十二月就推出了「福井復興寶籤」，是戰後第一個發行彩券的地方政府。一九四八年，臨時資金調整法廢止，改以當選金附証票法作為寶籤的法源，多年來逐漸發展出目前日本寶籤的販賣方式，除了最常見的樂透、刮刮樂之外，還有全國自治體的各種彩券，玩法很多。

除了公益彩券，台灣一度流行的柏青哥，在日本「理論上」算是遊樂器材，但是打完之後可以拿鋼珠跟店家領兌換券，再到附近的兌換處換現金。至於打麻將就更有趣了，在日本公開打麻將可是合法的——只要不賭錢。二十世紀初麻將從中國傳到日本後，蔚為風潮，不少文人雅士（如日本文學家菊池寬）都相當熱衷。日本將麻將稱作「麻雀」，跟中國一樣都是打十三張牌（台灣則是十六張），戰後逐漸受到歡迎，日本政府便制定法律，將麻將列入風俗營業適正化法的風俗第四號營業，允許民眾經營麻將活動，成立「雀莊」。一般來說，到雀莊打麻將，收費大概是一小時六百日圓左右，通常打一雀（四風）大概是兩千四百日圓，並不算昂貴。日本麻將還發展出所謂的「競技麻將」，不但有職業麻將團體，還仿照圍棋舉辦「名人戰」、「最高位戰」等賽事，職業麻將手稱之為「雀士」。一九七〇年代，日本的電玩遊戲相當蓬勃，各大電玩商推出不少麻將遊戲，這也加速年輕人打麻將的風潮。

記得高中時，台灣流行一款大型電玩機台「麻雀學園」，只要打贏了，就要一直連按「H、H、H……」，然後就是十八禁的內容了。這款遊戲誕生在那個什麼都可以的泡沫經濟時代，三十幾年來仍在我腦中念念不忘。

競艇．競馬．賽車．競輪

不管是彩券、麻將或是柏青哥，都算小菜一碟，反正沒有吃角子老虎、輪盤或是百家樂，就不算賭博。真正獲得賭客青睞的其實是日本政府特許開放讓民眾投資下注的公營四大競技運動：競艇、競馬、賽車與競輪。

這四大競技都有相當的支持者，由日本政府主導，交予公益財團法人經營，民眾可以下注，獲得的利益則挹注到社會福利與公共建設，或國內外的公益活動。而參與競技的職業選手，以及周邊技術相關人員、隊伍等，也構成一個龐大的金字塔型產業。

四大競技中最有名的莫過於競馬（賽馬）。競馬歷史悠久，世界上開放賭馬的國家相當多，主要是以歐美和英國的前殖民地——例如香港、新加坡、南非等為主，日本早在明治時代就開始發展競馬，過去在日本統治下的台灣，西部各大都市也有幾座競馬場，像是國防大學的復興崗校區就曾是日本時代的台北競馬場。

日本的競馬主要是由日本中央競馬會JRA，與地方競馬全國協會NAR兩大團體負責營運，各自擁有競馬場。JRA一年舉辦三十六次比賽，比賽日高達二八八天，想

自英國與歐洲傳入日本的競馬，歷史相當悠久，是公營四大競技中最有人氣的下注活動，JRA 會舉辦許多活動，讓騎師帶著愛馬與民眾近距離接觸。

下注得購買「勝馬投票券（馬券）」，除了JRA所屬的競馬場之外，還有場外比賽投注站，可供賭馬客購買馬券並觀看來自全國各地的競馬直播。

JRA提供賭馬客八種投注方式，除了可投注單勝（押比賽獲勝馬匹）、複勝、馬單、三連複、三連單等各種不同的賭法，而且獎金高昂，不少人醉心於此就是期望翻本後一夜致富。日本的競馬獎金可說是世界賽馬當中最高的，除了賭金之外，獲勝的騎師年薪也相當高，根據二〇一九年的資料，光是JRA的馬券收入將近兩兆

地方競馬全國協會 NAR 所屬的大井競馬場，是由東京競馬株式會社管理。

A 競馬事業相當龐大，為了推廣競馬，還會販賣許多相關的紀念商品。

B 位在東京巨蛋旁，由 JRA 所經營的場外下注站，吸引大量的民眾下注看直播。

B

A

八八一八億日圓（約八千億台幣），投注的賭客高達一億八千多萬人次，上繳國庫的金額高達三二〇五億日圓（約八百九十億台幣）。

至於NAR則是接受各地方政府委託，經營地方競馬業務，不管是JRA或是NAR，除了賽事舉辦外，還負責騎師、馬匹調教師的養成，以及馬主與馬匹的登錄管理，可見競馬不只是競賽，前端的養馬及訓練更是重要，也衍生出背後龐大的商機。

相較於競馬的複雜，競輪則是簡單許多，競輪就是自行車賽事，一九四八年日本國會通過自轉車競技法，讓競輪成為合法下注的職業運動。競輪的比賽方式相當簡單，一場比賽通常有九名選手參加，每位選手穿著不同顏色的制服，以方便賭客下注。比賽時會由先頭誘導員領軍，剩下一圈半的時候，先頭誘導員退場，選手們便開始衝刺，抵達終點。競輪是由公益財團法人JKA經營，參與競賽的職業選手高達二千三百人以上，是四大競技中選手最多的一項比賽。

競輪的下注方式類似競馬，共有七種下注方式，最低下注金額是一百日圓，購買的票券稱為投票券或車券，二〇一九年全日本販賣車券所得高達六六〇四億六千萬日圓（約合台幣一八三五億）。競輪選手的收入除了領取津貼之外，主要是高額的獎金，優秀選手一年的收入可望高達數千萬甚至上億日圓，二〇二〇年的賞金王和田健太郎，獎金便高達一億六三〇六萬日圓，相當優渥。

除了競輪，另一個由公益財團法人JKA經營的競技是摩托賽車（オートレース）。摩托賽車共有五座賽車場，選手大約四百人，其中有十六位女性車手，依據程度等分為四個等級，最基層的是普通競技，再來依序是G2、G1，以及最高等級的SG（スーパーグレート）。最高等級的SG有好幾項比賽，包括每年二月的全日本選拔賽、四月的全明星賽、九月的摩托大獎賽（以上三項賽事冠軍獎金均為一千三百萬日圓），以及每年十一月開催日本選手權（冠軍獎金一千七百萬日圓），另外十二月還會舉辦冠軍獎金高達三千萬日圓的明星王座決定戰，限定只能由前四場賽事的冠軍得主，以及各場前段成績的選手共十六名才能參加。

摩托賽車使用的是排氣量六百c.c.的專用引擎，因比賽都是往左繞圈，車身設計也相當獨特，把手左邊高右邊低，讓競賽時賽車手能順勢將車身往左壓。一般來說，摩托賽車一天會舉行十二場賽事，每場八輛車參賽，賽車場一圈五百公尺，一般賽繞六圈三千公尺，至於SG則是八圈，優勝戰十圈。

摩托賽車的選手最有名的，就是曾為傑尼斯偶像，前SMAP的成員之一的森且行，一九九六年他在二十二歲時，放棄偶像藝能生活後，進入摩托賽車選手養成所，展開摩托賽車的生涯，並且在二〇二〇年獲得最高等級SG的日本選手權冠軍，或許曾有偶像光環，因此森且行入行之後，反而有不少女性的粉絲。

公益財團法人 JKA 所經營的「場外車券賣場」。

由於四大競技中的競輪與摩托賽車，都是由 JKA 承辦，因此在這裡兩者可同時下注及觀戰。

A

C

B

A 四大競技中，還有一種競艇是一項以選手為中心的競技，整個團隊的技術人員、經紀人、訓練員等，都受僱於選手本身。

B 正在聆聽分析員進行賽前分析的民眾，這些分析可作為下注的參考，因此非常有人氣。

C 東京平和島的競艇場。

這項競技的下注方式與競輪相同，同樣是七種下注方式，由於運營單位是同一個，因此場外投注站可同時下注競輪與摩托賽車，而且兩者都有直播可觀看。摩托賽車與競馬、競輪不同，是以內燃機為動力的競技，而另一種內燃機競技，則是日本所獨有的競艇。

顧名思義，競艇就是開著快速小艇比誰快，所以又被稱為是水上的F1。一九五一年，日本國會通過摩托艇競賽法，允許競艇合法下注後，競艇於一九五二年正式開賽。目前競艇是由公益財團法人日本財團所經營，全國共有二十四個競賽地點，這些競艇賽道均由各都道府縣所興建，屬於公營比賽場所。

競艇的比賽規則也很簡單，每一個場地每次賽期一般是四至六日不等，每天約有十二場左右的比賽（有的會有夜間比賽），每場共六名選手參加，分為白、黑、紅、蘭、黃、綠六種顏色，分別代表一至六號。出賽時，六名選手在燈號指示亮起時衝出停泊區，隨即進入第一迴旋處，之後開始倒數，而在觀眾席前有一個大型時鐘，可讓選手看到目前倒數狀況，此時選手必須在倒數零秒前找到自身最有利的出發位置，但不可以越線，否則就喪失比賽資格。倒數結束，六艘賽艇便奮力向前衝，比賽也就正式開始了，這樣的起跑方式與其他職業運動相當不同，這也是競艇的一大賣點。

整場比賽共要競賽三圈（一圈為六百公尺，共一千八百公尺），以最後抵達終點時的成績，作為下注者是否能獲得彩金的依據。下注的方式共有七種，還包括全國連線，單注一百日圓，票券稱為「勝舟投票券」或是「舟券」，購買舟券前可參考職業分析員的資訊，作為下注的參考。

競艇選手大約有一千六百人，其中約有兩百多位女性選手，比賽時不分男女，根據比賽的水準與出賽成績，選手共分為A1、A2、B1、B2四級，等級越高越有人氣。選手的薪水主要來自於比賽獎金，平均約為一千六百萬日圓，年薪最高者可高達兩億日圓。

賽艇其實並不大，使用的引擎為四百c.c.排氣量，出力約三十一匹馬力，二〇一二年三月之前，螺旋槳是由各選手自行打造，因此各家都是機密，不過目前整艘賽艇則是全部統一由大和發動機生產製造，由於規格統一，所以能否獲勝就完全看選手的技術了。一般而言競艇是由「艇主」購入後，再租給選手，就跟競馬的馬主一樣，且競艇是所謂的選手中心，每一位選手本身都是個人老闆，自行籌組自己的團隊，包括經紀人、維修人員、訓練員等，與其他的競技不同，比較類似網球選手。

這四大競技的票房收入，多數是分配給下注者與參賽選手，日本政府則會收取一定比例的稅金（獎金的百分之二十五）與國庫納付金等，對於國庫收入不無小補。這或許也是日本政府願意保留這類娛樂活動的重要理由之一吧。

競艇是相當特殊的一種職業運動，目前僅日本與韓國才有比賽，十分動感刺激。

日本限定!!
節慶．祭典

祭典．歲末點燈．過新年．成人式．
春日賞櫻．天皇誕生日……
年復一年，在日本，不能錯過的這些日子！

來自民間的祭典文化

生在這個年代，有時覺得很幸福，往往能跨越國界限制，幾乎無時差的吸收各國的流行文化與資訊。不過民族與文化的不同，有時即便是同樣的一件事，也會發展出不同的結果，是這個世界有趣的地方，我很喜歡觀察這些差別，尤其日本這個融合傳統與現代的國度，激盪出不少特色活動，有的已維持數百年甚至千年的傳統，有的則是時代下的產物，還有些是由年輕族群發展出來的次文化。

這些特色活動增添不少生活上的樂趣，像是萬聖節明明是西洋的文化，但在日本可以發展成年輕人變裝聚集在東京澀谷、川崎或是大阪環球影城，成為日本特色；又或者是秋葉原不僅是動漫迷的聖地，還是女僕咖啡的發源地；至於原宿更成了日本流行文化的大集合，吸引大量海外觀光客到此朝聖。

祭禮與神道教

暫且不論這類年輕人的次文化，日本傳統活動多有悠久的歷史底蘊，並體現早期庶民生活。最具代表性的莫過於各地的「祭り（祭禮）」。日本是個篤信宗教的民族，尤其是神道教，為了祈求風調雨順國泰民安，各地的神社佛寺便發展出各具地方特色的祭禮。同時又因神道教有所謂的「八百萬的神」，在神道信仰中，萬物皆有靈，所以祭禮也會根據神明的不同而異，像是前文介紹過的「鐵男根祭」，祭拜的就是陽具。過去日本的神道與佛教是合一的，雖然明治維新後為了獨尊神道而切割佛教，不過長期發展下來，日本的佛教也有許多祭禮。

民俗專家曾統計，全日本一年的祭禮約達三十一萬件，這樣的數字實在太驚人，也不可能有人全部參加過，絕大多數都是由地方的宗教行事，就像台灣人也不會參加過全台每個廟宇的例行祭拜一樣；不過日本社寺的例大祭，尤其屬於地方信仰中心者，則往往會總動員，號召當地男女老少，讓活動更加熱鬧。

一般來說神道教的祭禮無非是宮司祭神祈福、神轎出巡等，各地小販也會來擺攤，有吃有玩，讓祭典增添樂趣。有特殊活動的祭禮則往往成為地方宣傳的活廣告與重要的觀光資源。像是在台灣非常有名的東北四大祭（青森睡魔祭、秋田竿燈祭、仙台七夕祭、山形花笠祭），每年於八月舉辦，而且為了招攬遊客，彼此祭典時程還會盡可能錯開，每個祭典一次舉辦好幾天，因此可以今天到青森、明天到秋田、後天到山形，諸如此類，每年吸引數百萬人參與盛會。除了東北四大祭，京都祇園祭、博多山笠祭、東京神田祭、大阪天神祭、德島阿波舞祭等，也都是國際聞名的祭典。

日本的祭禮是最普遍的特色活動，也是地方吸引觀光客的方式之一。

A 埼玉縣川越市每年 10 月舉辦的川越祭，會有許多大型山車在路上出現。

B 東北四大祭之一的秋田竿燈祭，是國際相當知名的祭禮。

C 一般來說屬於神道祭禮，都會有扛神轎的活動。

愛媛縣松山市道後溫泉，每年都有相當特殊的撞神轎活動。

相較於這些大型且觀光化的祭典，跟地方民眾息息相關的，反而是住家附近的小神社，雖然這些神社祭典的規模不大，參與者多是當地住民，但我卻更喜歡這樣的感覺，可以體會人情的牽絆與在地的愛，即便像我這種外國人，扛神轎的時候，也受到當地人的大方邀請，更能融入日本生活。

巴西來的淺草森巴祭

有別於傳統宗教祭禮，日本還有因為觀光而發展出的特色祭典，這些與宗教無關卻蔚為風潮的活動，也相當有趣。記得有一年夏天，老婆大人突然說「淺草有森巴舞祭，要不要去看？」淺草明明是個傳統下町，有名的其實是三社祭，森巴舞雖然熱情奔放，但來自遙遠國度巴西的舞蹈，要與淺草劃上等號，感覺雖然有點奇怪，但卻也別具一格。淺草寺供奉的主神是觀世音菩薩，自從住在東京後，淺草寺成為我常去參拜祈福的寺廟，在老婆大人邀約之下，前往觀賞了這個森巴舞祭，只能說實在熱鬧。但為何淺草會舉辦森巴舞祭？主要是推廣觀光。森巴舞是源自巴西的舞蹈，最早是非洲黑奴被綁架賣到巴西後，原本的非洲舞蹈與葡萄牙等文化融合而誕生了森巴舞，在巴西，最有名的就是里約熱內盧的森巴舞祭了。

一九八一年，台東區長與當地的一位藝人，突發奇想，在下町淺草搞一個熱鬧的活動，當時日本開始流行拉丁舞蹈，包括國標舞、森巴舞等，加上明治時代不少日本人移民巴西，一九八〇年代泡沫經濟時因工廠缺工，日本引進大量的日裔巴西人回日本就業，順勢將森巴舞文化帶到日本，森巴舞也因此在淺草生根。

有趣的是，巴西的森巴舞分為圓圈森巴和里約森巴，使用的樂器不盡相同，但巴西的日本移民大部分住在聖保羅，對於里約森巴沒那麼了解，因此日本的森巴舞融合了兩種森巴的風格，幾十年發展下來，也融入日本人的創意，像是加入鼓號樂隊、旗隊等遊行，形成日本獨特的森巴舞祭。目前日本的東京淺草、神戶、沖繩、靜岡等地都有森巴舞祭，算是相當庶民的特色活動。

相撲

除了外來文化，有些日本傳統活動已有千年歷史，至今仍受到不少民眾喜歡——好比日本的國技「相撲」。相撲最早源於神道教祭神占卜儀式，由兩位赤裸上身的力士相互角力，早在三世紀的古墳時代，就有出土陶器上刻有相撲的樣子。日本《古事記》記載人類最早的相撲，相傳是紀元前二十三年，野見宿禰與當麻蹶速兩位力士的「捔力」，也因此兩人被當成相撲的鼻祖，捔力的日文發音「すまい」（sumai）近似於相撲「すもう」（sumo），所以後來便寫為「相撲」二字。

A

C

B

D

A 每年七月底的盛夏，淺草便會舉辦森巴舞祭，展現熱情奔放的拉丁文化，不少熱愛森巴舞的日本民眾，都會組隊報名參加。

B 萬聖節是西洋鬼節，近年來在日本卻演變成年輕人的大規模變裝活動。

C 原宿竹下通是日本次文化的發源地，也吸引大量外國旅客朝聖。

D 淺草的森巴舞祭是日本森巴舞文化的代表。

E 「相撲之都」兩國，經常可見到相撲選手。

F 兩國國技館除了是相撲的主辦場地外，日本相撲協會與相撲博物館都位於此地。

G 位於兩國站舊站房內的相撲土俵。

E

F

G

歷經千年演變，相撲由原本的神道儀式成為庶民競賽，並於江戶時代開始組織化，成為職業運動大相撲。自十八世紀起，大相撲正式成形，其階級與比賽制度等都更具完備，越來越受到民眾歡迎，相撲選手的地位也越來越高，甚至享有佩刀這種武士階級才有的榮耀。

目前大相撲由日本相撲協會主導舉辦，一年需比賽六次，分別為初場所（兩國國技館）、春場所（大阪）、夏場所（國技館）、名古屋場所（名古屋）、秋場所（國技館）與九州場所（福岡），每一次為期十五日。除了正規比賽，還有類似各地巡迴表演的活動，稱之為「地方巡業」。相撲力士階級則分為幕內、十兩、幕下、三段、序二段、序之口等階級，而幕內力士由上至下又分為橫綱、大關、關脇、小結與平幕（前頭）五個級別。所有的力士都有所屬的相撲部屋，部屋的經營者（親方）絕大多數都是退休的幕內力士，入門後，部屋會提供食宿等，而入門力士便在部屋內接受訓練。

大相撲每個級別的薪資與待遇截然不同，單就薪資來說，只有幕內力士才能享領日本相撲協會所發給的薪水，十兩以下的力士則是由所屬的部屋支付。相撲的薪資結構也與一般的職業運動不同，十兩以上的力士，除了有所謂的月給與（月薪）之外，還有賞與、特別手當（小結以上才有）、出差手當、力士補助金、力士褒賞金等，以橫綱來說，一年大概可以領到四千五百萬日圓左右，就算是十兩力士，一年也可領到一千六百萬日圓。

除了固定薪俸，賽期選手還有企業提供的「懸賞金」，在力士比賽前，會由專人舉懸賞旗繞行土俵，一支懸賞旗代表「一本」企業懸賞金，一本為日幣六萬兩千元，扣除相撲協會的事務費與稅金之後，獲勝的力士可拿到約三萬元左右。由於精彩的比賽企業懸賞金會相當多，有時知名力士的對決會多達三、四十本，繞行土俵的懸賞旗還得繞好幾圈。

大相撲是相當傳統的特色活動，也因行事保守而被詬病，甚至還有女性不得踏上土俵的規定，幾年前曾發生貴賓在土俵上病倒，一名女性護理師上去急救，卻被制止的事件，令人吃驚。不過一九九〇年代後，保守勢力不比以往，過去的力士都是日本人，後來已開始有不少來自台灣、夏威夷、蒙古甚至於歐洲等國的力士。其中，蒙古力士像是朝青龍、日馬富士、白鵬等，表現相當優異，成為最高位的橫綱，這樣的發展能否持續改變大相撲的傳統，仍得持續觀察。

圍棋．將棋

另外兩項傳統特色活動也值得介紹，那就是圍棋與將棋。圍棋與將棋在日本都超過千年歷史，但起源卻大不相同。圍棋傳自中國，將棋則可能傳自印度或泰國，一南一北，同樣在日本發揚光大。目前不管是將棋或圍棋，都有許多職業賽事，不過兩者的運營單位並不相同，前者是日本將棋連盟、後者則是日本棋院與關西棋院（自一九五〇年日本棋院獨立）。

雖然兩者的規則與經營體制完全不同，但職業棋手都稱為「棋士」，舉辦的職業賽事方面，將棋有「名人」、「棋聖」、「王位」、「王座」、「龍王」、「王將」、「棋王」、「叡王」等比賽；圍棋則有「棋聖」、「本因坊」、「名人」、「十段」、「王座」、「天元」、「碁聖」等七大頭銜戰，女性棋士則以「女流棋士」稱呼。

職業棋士除了接受組織分派，指導學員下棋賺取鐘點費，也要不斷出賽，獲取高額獎金、升段以及頭銜，經過相當程度的頭銜保衛戰之後，就可以取得永世稱號，這不但是一大成就，在日本社會也享有極高的尊崇。將棋界最近出了一位天才棋士——二〇〇二年出生的藤井聰太，他不僅是史上最年輕的職業棋士，公式戰連二十九勝也是紀錄保持者。藤井的出現讓將棋界注入一股新活水，而人數、組織等規模更龐大的日本圍棋界，過去也曾面臨後繼無人的危機，卻意外因為日本知名動漫「棋靈王（ヒカルの碁）」的出現，讓許多少男少女產生興趣，圍棋反而成為許多日本年輕族群喜愛的活動。

「棋靈王」是日本漫畫家堀田由美於一九九九年開始創作、一部在集英社的少年JUMP週刊上連載的少年漫畫，內容講述小學生近藤光，因故被平安時代的天才棋士藤原佐為附身，進而與多位棋士對戰的故事。這部漫畫受到日本棋院全力支援，還由旗下的六段棋士吉原由香里（舊姓梅澤）監修，因此場面逼真，將圍棋的對戰甚至棋院組織等真實描述。漫畫上市後，果然造成轟動，東京電視台還翻拍成動畫，甚至紅到海外。

以前我只對林海峰、王立誠、王銘琬等老一輩棋士有印象，第一次在日本接觸圍棋，是台灣知名女棋士謝依旻於二〇一八年一月獲頒女流本因坊時，現場見到多位日本圍棋界大老，才知其排場。之後陸續因工作關係，取材幾次圍棋活動，得知不少台灣棋士在這個圈子裡奮鬥，包括張栩、張豊猷、林漢傑、許家元、以及有美女棋士之稱的黑嘉嘉。這麼多年輕的圍棋手投入這項競技，且發光發熱，相當難能可貴。

當然日本的特色活動不僅於此，像是年輕人相當喜愛的K歌活動，文化氣息極深的茶道、書道、俳句、弓道、日本舞踊，以及半休閒的盆栽園藝、日本酒鑑定等，都豐富了民眾的生活，坊間也有許多相關的教學書籍或是雜誌，以及測驗認證，日本的生活，其實一點都不會無聊的啊！

我國旅日棋士謝依旻獲得第 36 期女流本因坊頭銜後，與父母和恩師九段棋士黃孟正合影。

位於東京市谷的日本棋院會館，這裡是日本的職業圍棋重鎮，也是世界最重要的圍棋推廣所在地之一。

日本的卡拉 OK 也是庶民文化的代表性產物之一。

歲末年終的點燈大戰

每年十一月底，東京住處附近的車站前就會出現不少工人，在那幾棵葉子掉得差不多的行道樹爬上爬下，好不熱鬧。數天後，晚間六點起，佈置好的夜間裝飾照明燈整個亮起，在蕭瑟的夜裡增添不少美麗的光景，而這一幕也就代表著寒冷的冬天即將到來了。

「電飾」美景

夜間裝飾照明，英文為 illumination，日文則是直譯英文イルミネーション，是利用燈泡、LED發光二極體等，在夜間創造出美麗絢爛的夢幻景象，因此日文又稱為「電飾」（でんしょく，意指為利用電燈作為裝飾），它所呈現出的美景，承載著人們的期盼與夢想。

近年來，每逢秋冬，日本各大都市的車站、商業區或公園都有許多大規模的夜間裝飾照明，成為觀光新景點與約會聖地，改變了日本蕭瑟的冬夜，吸引大批遊客前來。冬夜點燈的傳統，最廣為人知的莫過於耶誕樹上的那些閃爍的點燈了。據說最早的聖誕樹點燈，是十六世紀的德國神學家馬丁路德，有一次在聖誕夜彌撒結束返家時，走在路上突然看到樹林間隙出現一閃一閃的星星，當下受到感動，回家弄了一棵聖誕樹，把許多小蠟燭掛在樹上，就成為我們現在所看到的聖誕樹點燈了。

至於擴展為都市的公共裝飾照明，則源於法國的里昂。一六四三年，歐洲發生黑死病，但里昂卻沒有受到鼠疫的侵襲，當時城內的行政官員、市議員以及貴族們認為是聖母瑪利亞救了他們，所以便在十二月八日這一天，家家戶戶都擺上許多蠟燭，照亮整個都市，之後進一步發展為里昂燈光節，並成為都市夜間公共裝飾照明的濫觴。

後來，這個習慣就遍及歐洲各地，甚至跨海傳到美國，時序上也不限定只有在聖誕節前後。

十九世紀美國發明家愛迪生發明了白熾燈泡後，人類的照明邁入了一個新的時代，其亮度與持久性都不是過去的蠟燭與煤油燈所能比的，紐約曼哈頓的大樓群，便率先使用大量的白熾燈泡，在夜晚展現美麗的都會景象，成為最早利用燈泡展現裝飾照明的城市。

日本最早開始利用裝飾照明的，始於一九〇〇年帝國海軍聯合艦隊，為了展現軍威，在神戶外海舉辦觀艦式時，將大量燈泡裝置在參演的艦艇上，到了晚上將所有的燈光打開，一時間神戶外海燈火通明，觀看的日本民眾嘖嘖稱奇，也讓日本成為夜間裝置照明的濫觴。此後，東京與大阪等地舉辦的產業博覽會，也以大量燈泡展現裝飾照明，吸引民眾參觀，一九〇四年東京專門販售舶來品的明治屋在銀座開店，並且在店外佈置裝飾照明，還吸引媒體採訪，成為當時流行業界的話題，也開啟了日本各地裝飾照明的風潮。

在冬夜，我們點燈

演變至今，入冬之後在日本各大都市，就出現各種公共裝飾照明，而且各地還會舉辦點燈活動，除了希望造成話題，也吸引觀光客前來，像是北海道札幌市的大通公園，從一九八一年開始，每年在舉辦雪祭之前，都會舉辦裝飾照明點燈活動，至今已持續三十六年，是目前日本歷史最悠久的裝飾照明活動了。

由於札幌點燈活動獲得成功，日本各大都市紛紛仿效，像是仙台市自一九八六年、新潟市和高松市也在一九八七年開始舉辦夜間裝飾照明的點燈活動。至於東京最早舉辦大規模點燈活動的則是一九九一年開始的表參道聖誕點燈。

時尚之街的表參道，一直都是日本年輕人追求流行的先鋒，每到聖誕節前，當地商店街組織就會利用明治神宮前，青山通上長達一公里的櫸木行道樹，開始佈置裝飾照明，照亮整個青山通。一開始當地的商店街還曾至仙台市視察，了解仙台當地是如何舉辦冬季點燈活動，後來兩地便開始進行裝飾照明的交流，二〇一一年三月十一日

雖然東京的冬夜，有許多夜間裝飾照明，不過其實東京本身，就是一座美麗的大型裝飾照明。

聖誕夜的裝飾照明點燈活動，吸引非常多情侶，也讓他們留下美麗而難忘的回憶。

東京的新名所日比谷東京中城，每年冬天也會點燈，成為民眾近年喜愛的新景點。

現在日本流行的夜間裝飾照明吸引相當多遊客，像是澀谷的青色洞窟，以藍色 LED 為主打，創造出與眾不同的特色。

位於中京地區的名古屋站，每年都會在名古屋車站塔大樓前，架設大型裝飾照明，成為當地的一大特色。

富士電視台 2001 年時，在本社的大階梯，佈置花海與裝飾照明，以慶祝愛子公主誕生。

發生東日本大地震，當時放置在仙台港倉庫的ＬＥＤ燈泡，遭到海嘯的襲擊而全部毀損，結果表參道的商店街還支援了六萬盞ＬＥＤ燈泡，成為一段佳話。

另一個令人感動的故事，則是一九九五年開始的「神戶 Luminarie」裝飾照明點燈活動了，當年的一月十七日發生神戶大地震，人口一百五十萬的神戶市遭受毀滅性打擊，為了追悼因地震死去的人們，以及傳達神戶復興的期望，所以一九九五年十二月，由神戶出身的活動企劃製作人今岡寬和與義大利藝術總監佛萊歐．費斯提（Valerio Festi），共同籌劃製作的大型裝飾照明。

兩人利用數以萬計的燈泡，建構出綿延不絕的迴廊，並且透過造型設計，展現出絢爛的風情，由於是當時日本最大規模的裝飾照明活動，因此很快地就吸引大量遊客前來參觀，而成為神戶復興的重要象徵。由於神戶 Luminarie 活動的成功，最多一年吸引了五百多萬觀光客到場，因此今岡與佛萊歐兩人，於一九九九年轉移陣地，在東京舉辦「東京 MILLENARIO」的聖誕與新年裝飾照明活動。

當時正逢千禧年，而 MILLENARIO 就是義大利語當中的千禧年，所以這個活動在關東也同樣受到重視，直到二〇〇六年，因為東京車站以及前方的廣場將展開大規模整修與改建，這個活動才劃下休止符。二〇一二年，東京車站紅煉瓦驛舍整修完成，因此丸之內點燈活動重新展開，也成為東京都內最重要的聖誕節點燈活動。

雖然這些美麗的夜間裝飾照明美不勝收，但不少環保人士相當反對這樣的活動，除了光害、可能影響動植物的生長，主要的原因還是浪費能源。夜間裝飾照明運用大量燈泡，造成的能源耗損其實相當大，二〇一一年東日本大地震發生，進而引發福島核災，造成日本的核能發電廠大量停擺後，日本電力供應不足的狀況下，這類消耗大量能源的活動便遭到非議，曾一度被迫取消。

不過日本人所開發出來的藍光ＬＥＤ，卻成了救世主，由於日本科學家赤崎勇與天野浩師徒以及中村修二等人研發出藍光ＬＥＤ，使得ＬＥＤ擁有三原色，可混合出各種顏色與白色，讓人類的照明邁入一個新的紀元，當然這三位日本科學家，也在二〇一四年獲得諾貝爾物理獎的榮譽。而ＬＥＤ低耗能的特性，應用在裝飾照明上，不但不耗能源，也令日本的裝飾照明活動規模越來越大。日本各大都市的相關活動，多在這段時期蓬勃發展，甚至還成立了日本夜間裝飾照明振興協會（日本イルミネーション振興協会），協助各地點燈活動策劃、支援照明設備與照明設計相關業務。

現在除了都市內的點燈活動，許多市郊的大型遊樂園，例如九州的豪斯登堡、關東的讀賣樂園、德國村、足利花卉公園等，都有超大規模的裝飾照明，數百萬盞以上的ＬＥＤ，配合光雕投影，都企圖吸引大量人潮前往。這幾年光是東京都，就有超過一百三十個地點進行裝飾照明的活動，看來之後只會越來越多吧。

除了現代感十足的夜間裝飾照明，京都的佛寺也會在紅葉期間，規劃燈光秀，呈現出與眾不同的美感。

記得以前來日本觀光旅遊時，沒有那麼多夜間點燈活動，不過這幾年的裝飾照明已相當具可看性。身處夢幻與絢爛的世界，讓人無法忘懷，年末年始的冬夜，也有了不同的面貌，看到自家附近的夜間點燈，心中這才猛然驚醒：原來即將要迎接新年了。

修復完成的東京車站暨站前廣場完工，舉辦了夜間裝飾照明及光雕投影活動。

元旦過新年

過年在東亞是相當重要的一個節日，尤其是華人，農曆新年家家戶戶張燈結綵滿喜氣洋洋，菜市場爆滿的人潮，就是為了辦年貨煮年夜菜，一切好不熱鬧。

同屬亞洲文化圈的日本，同樣會過新年，只不過現代日本人過的是新曆年，反而是跨年熱鬧放年假，農曆過年只有自己在家過；不過我們這些住在日本的台灣人，每次過年就是從新曆年過到舊曆年，等於是過兩次年，也算是相當特殊的經歷。以前聽老一輩的阿公阿嬤說，他們在日本時代也是過兩次年的，只是戰後台灣人又回到過農曆年的日子。

既然住在日本，就要「入境隨俗」。坦白說，在日本過年也沒比在台灣輕鬆，甚至活動說不定還比台灣複雜。不過雖說現代日本過的是新曆年，但其實在明治時代之前，日本過的也是舊曆年，這樣的風俗習慣當然是源自於中國，在飛鳥時代從中國引進過年等節慶，至今已有千餘年的歷史。直到明治六年（一八七三年），日本停用太陰曆，改與國際接軌採用太陽曆，才將新年改為陽曆。過年的日子改是改了，只是傳統上許多風俗與儀式，仍保留到現代，只剩下日本才看得到，甚至部分地方仍會在舊曆年張燈結彩，熱鬧慶祝，形成與眾不同的過年文化。

日本放年假其實跟台灣大致相同，只是舊曆變新曆而已，通常都是除夕開始放假，然後初五開工，有時會依照週末例假日前後調整，所以初四或是初六開始上班的情況也是有的。不過日本的年假並不像台灣會彈性休假，基本上大概就是六七天而已。

迎新的忘年會・正月飾り・門松・鏡餅

通常到了年末時節，家家戶戶都要開始準備過年，上班族也會參加類似尾牙的餐會，這在日本稱之為「忘年會」。忘年會源於八百年前的室町時代，當時人們在準備過年前，會快樂的吃飯喝酒，並且詠吟和歌，忘掉這一年的不愉快，用快樂的心情來迎接新的一年，因此得名。

通常公司的忘年會結束後，不少日本上班族還會相約來個二次會或是三次會，酒足飯飽之餘還會前往ＫＴＶ高歌一曲，總之辛苦了一年，就是要趁這個時候好好歡慶，迎接全新的一年。

至於過年前的準備，其實跟台灣差別不大：出外採購辦年貨、趕在除夕前大掃除、洗衣服，過年到初三之間前就不打掃洗衣了，以免把財運與幸福掃掉、佈置的部分，台灣是貼春聯，日本則是懸掛「正月飾り」或是擺設「門松」。

日本新年期間，東京日本橋一帶都插滿日本國旗。

中華街在元宵節時會舉辦燈會，成為當地特色年節活動。

位於長崎的新地中華街，在春節期間具有濃濃的年味，呈現出獨特的華人風情。

這些美美的「正月飾り」與「門松」大概聖誕節一結束，就會登場了，通常會在十二月二十九日之前布置完成，原因是「九」的日文發音跟「苦」一樣，有不吉利之感，而三十日後才擺設，會被稱為「一日飾り」，時間太短，讓人覺得對神明不敬。至於年後這些裝飾品多半會在元月十五日前，送到佛寺或神社設置的許多焚燒場，經過廟方祈福後，一起焚燒。由於數量龐大，焚燒時往往相當壯觀，民眾焚燒祈福，還可以看熱鬧，也算是年節過後一件重要的行事了。如果沒空前往這些佛寺或神社，也可以用白布或是報紙將這些裝飾品包起來，再撒上鹽巴與清酒，以崇敬的心感念神明與飾品，處理好之後再拿去扔掉即可。

除了正月飾り或門松，日本人過年時的擺設還包括祭拜神明用的「鏡餅」。鏡餅有點類似台灣的年糕，不過本身沒有味道，供奉鏡餅的習俗源於平安時代，是以兩坨圓盤狀的白色麻糬組成，上方還會放一顆橙色的橘子，用以祈求世代繁盛之意。與門松等裝飾品一樣，鏡餅通常也要在十二月二十九日之前擺設，最好是十二月二十八日，因為八是個吉祥數字，通常用以祈求好運的到來。年後，是一月中左右（通常是一月十一日或是二十日），日本人會進行「開鏡」儀式，為了避免聯想到武士切腹，開鏡會用木槌敲開鏡餅，再將其煮成雜煮、甜湯（汁粉）等方式食用，以祈求長壽平安。

幫民眾焚燒新年裝飾，不但祈福而且場面壯觀，吸引大批民眾到場觀看。

百貨公司會在年前擺設「門松」，以祈求來年好運。

過年前辦年貨，日本各大超市都會成為年貨專賣，方便民眾採購。

日本過年期間使用的門松與裝飾，在過年後各地會舉辦祈福法會恭敬地燒掉。

日本人在過年前，會在家中擺設鏡餅，在過年後吃掉，這個使用糯米製作的鏡餅，類似台灣的年糕。

年夜飯・御節料理

當這些年前擺設準備完成後，就要迎接新的一年，一般台灣人的印象裡，日本人過年就是要看紅白大賽、吃冷冷的「御節料理（おせち料理）」，大年初一去寺廟或佛寺「初詣」；不過其實日本人過年沒這麼簡單，該有的習俗不會少，有些地方的年節活動別具特色，讓人感到驚奇有趣。

「御節料理」就是我們的年夜飯，只是形態不同，一般來說御節料理是將料理放置在精美的蒔繪便當盒裡，依照人數的多寡，可以分為一層（一段）、兩層（兩段）或是三層（三段）等。雖然各地做法有所不同，不過基本上會分為開胃小菜（祝い肴）、燒烤（焼き物）、醋醃（酢の物）與煮物。

御節料理之中的每一道菜，背後都有其意義，而且有些是必備小菜，例如開胃菜一定要有黑豆、鯡魚卵（数の子）、金栗團、佃煮小魚（以關東為主，日語稱為田作）等，黑豆是祈求長壽健康，鯡魚卵是多子多孫，至於金栗團則是財運旺旺，此外還有紅白相間的魚板、伊達卷等，都是常見的菜餚。

至於燒烤則會有烤鯛魚、烤鰤魚或是烤龍蝦等料理，醋醃料理常見的有醋蓮藕、醋醃紅白蘿蔔絲等，煮物則會有昆布卷、滷蒟蒻、滷香菇、滷梅花紅蘿蔔、滷慈姑等，這些都是基本配備，當然各地還有自己的鄉土料理，加一加，十幾樣擺盤，看起來就相當豐盛了。

吃慣了台灣年夜飯的我，品嚐冷冷的御節料理，雖不難吃卻也相當不習慣，尤其日本的冬天很冷，很難理解為何日本人除夕夜得吃這種冷料理——其實這是因為在日本傳說中，過年是跟神靈共度，如果開火可能會驚擾神靈，因此御節料理得在除夕前就準備完成。

由於現今的日本社會大多數都是小家庭，加上御節料理烹調過程繁複，所以多數人都是跟超市或飯店餐廳購買御節料理，大約十一月開始，店家就會開始打廣告，開放預約。除了御節料理，現在的日本家庭也會準備火鍋或蛋糕，讓小朋友開心過年。

新年・神社初詣

除夕夜也會有許多藝人舉辦演唱會，吸引不少年輕人狂歡跨年，而各地傳統寺廟多會在新年來臨時敲鐘祈福，人們也會前往神社佛寺參拜，這稱之為「初詣」。初詣的習俗已延續一千多年，不過早期只是前往住家附近的寺廟，直到明治維新後，由於鐵道的出現，初詣才逐漸轉變為集中前往大型神社佛寺。例如關東地區以成田山新勝寺、川崎大師、增上寺與淺草寺等為主，關西地區則是以伏見稻荷大社、住吉大社等，名古屋最有名的初詣聖地是熱田神宮，福岡縣則是太宰府天滿宮，每年前往這些

大年初一凌晨，守歲的民眾會外出到家附近的神社參拜。

A

B

C

A 日本人在除夕夜必吃的「おせち料理」，一般都是冷食，所以許多家庭會另外煮火鍋搭配，此外在準備跨年前，還會煮「年越蕎麥」。

B 有小孩的家庭往往會購買蛋糕，在年夜飯後品嚐，慶賀新年。

C 除了初詣之外，大年初一開始，日本人也流行搶福袋。

大年初一到寺廟與神社「初詣」，是日本過年必備活動，也因此龐大的人潮將東京增上寺塞爆。

寺社初詣的民眾，高達兩三百萬人，為了疏運人潮，各大鐵道公司也會增開列車。習俗上，民眾直到一月中都可以前往寺社初詣，因此一般日本人會先在新年時先去附近的神社參拜，另外再擇期初詣；不過仍有不少人會選擇在新年的第一時間就跑去初詣聖地參拜，順便等待大年初一的日出，因此鐵道公司除夕夜不收班，除了疏運跨年的民眾、方便初詣之外，也讓想看日出的民眾可搭乘大眾交通工具。

初詣除了參拜，日本人犯太歲時還是同樣會「安太歲」，此外也會抽抽運勢籤，抽完籤後，吉籤可以選擇帶走，若抽到凶籤，神社或是佛寺都有讓民眾綁籤的地方，可將抽完的籤留在寺社。抽完籤之後還可以購買「御守」，保佑新的一年，至於舊的御守，寺社也可以回收處理。

各地新年：生剝鬼節・抽芋頭・分鰤魚・丟女婿・白朮祭

日本各地的新年活動還有許多特色習俗，像是自宅附近東京都的荏原地區是著名的七福神神社（共有七座神社），不但有和太鼓，其中之一的大井藏王神社還會天狗巡行，保佑當地住民。日本東北也有許多獨特習俗，像是秋田縣的男鹿半島，除夕夜時會有穿著簑衣的生剝鬼，在村子裡挨家挨戶拜訪，住民則是全家盛裝迎接，向生剝鬼懺悔，並拿出酒與年糕款待，而生剝鬼則會保佑一家身體健康平安。這個有趣的「生剝鬼節」，不但列為日本的無形文化遺產，也成為日本除夕夜中最有名的祭典。

秋田縣隔壁的青森縣津輕地方，小朋友們在過年時會玩「抽芋頭」的遊戲，新年期間還會做「雪屋」（日文稱為かまくら），小雪屋裡頭點蠟燭，大雪屋則可以讓大家躲在裡面，吃吃麻糬，喝喝甜酒。此外東北地方還會吃鰈魚，尤其是冬季剛好是鰈魚的產卵季節，有卵的鰈魚更象徵子孫繁盛。

同為豪雪地帶的北陸地區，富山縣射水市的加茂神社會在元旦早上舉行「分鰤魚」的活動：在新年的一早，供奉六尾鰤魚，由神社的宮司進行祈福儀式。儀式結束後，會將這六尾鰤魚切片，分給附近的信眾，象徵人們與神明吃一樣的東西，接下來的一年，可以身體健康，平安度日。

日本的東北地方在過年前後，都會用雪堆成這類雪屋，小的裡頭放蠟燭，大的人們可以坐在裡面聊天吃飯。

東京的荏原地區，在新年到來時，會有天狗巡行與擊太鼓的儀式。

新潟縣十日町市的松之山地區，則有一個相當特別的「丟女婿」活動：當地出身的女性結婚之後，必須在第一次過年返鄉探親時（主要是元月十五日前後），被帶到當地的藥師堂，從藥師堂上面將丈夫往五公尺深的懸崖丟下去──

因為這個時節的雪相當厚，而且活動前大家會把雪堆整理過，因此丟下去並不會受傷，不過非常刺激，因此當松之山女婿的人心臟都得大顆一點才行。

至於京都相當知名的八坂神社，元旦清晨會舉辦「白朮祭」，燃燒「關蒼朮」這種植物的根，以祈求一年安泰；山口縣過年時會玩「鬼揚子」，就是在大年初一的時候，一家老小放著畫有鬼怪的風箏，象徵慶祝小孩長大。長崎的中華街也會在過年期間舉辦燈會，有著濃濃的華人風。

初七・七草粥

終於來到大年初五的開工日，日本人也陸續返回工作崗位，不過日本人不像台灣會在開工日拜拜燒金紙，而是在下班時，同僚相約前往求功名的神社祈求工作順利能加薪。東京上班族最愛位於東京御茶之水附近的神田明神，每逢初五開工，這裡就會出現大批穿著西裝與套裝的上班族，前來參拜。

而到了大年初七，日本人傳統習俗要吃七草粥，七草粥最早出現在漢朝的中國南方地區，之後陸續傳到周邊許多國家，包括日本、朝鮮、越南等，如今除了中國少數地區，只剩下日本仍維持這項習俗。七草粥包含七種植物：水芹、薺、鼠麴草、繁縷、稻槎菜、蕪菁跟蘿蔔，初七早上將這七草剁碎後，放入煮好的白粥即可。食用七

初詣聖地淺草寺，每年吸引兩百多萬人在新年期間前來參拜。

大年初七早上，日本人都會烹煮七草粥，超市也會販售七草粥的組合。

草粥除了祈求消災解厄、身體健康，也可能是因為冬季蔬菜較少且御節料理沒有蔬菜，因此吃吃七草粥補充營養，似乎也很合理。

整體來說，從聖誕節後，日本就進入長達半個多月的新年，住在日本這麼多年，跨年時我也自動切換成日本人的過年模式了。雖然對於冷冷的御節料理還是沒那麼喜歡，不過每到大年初一去淺草寺拜完觀音、抽完籤後，接著去百貨公司跟超市買超值福袋，也是充滿年味。

屬於主人翁的日子

俗話說：「兒童是未來的主人翁」，既然是主人翁，自然對小朋友們的教育就不能太隨便。對日本人而言，從小到大的成長歷程，會度過好幾個節日，而這也是一生的珍貴回憶。

日本關於主人翁的節日總共有四個，包括三月三日女兒節、五月五日端午男兒節、十一月十五日的七五三以及年滿二十歲的成人式，不管是男孩女孩，每個階段都有值得慶祝的日子，直到成年。

七五三・千歲飴

每個日本小孩出生後，第一個遇到的節日，就是「七五三」節，這是個神道教的傳統節日，新生兒出生後，父母親會抱著小孩到神社向神明祈求小孩平安健康長大。之後到了三歲（男女孩）、五歲（男孩）、以及七歲（女孩）時，就要再回到神社還願，感謝神明的保佑。據說七五三節源自一六八一年，當時德川家為了第五代將軍德川綱吉的長男德川德松，在農曆十一月十五日舉辦祈求健康的儀式，雖然德川德松後來還是夭折，得年僅五歲，不過這個日子就此成了家中小孩得以順利成長的祈福節日，也

七五三節顧名思義就是針對三、五、七歲的小朋友所舉辦。

七五三節來臨，爸媽就會帶著屆齡的小孩，到神社參拜。

三歲或是七歲的女孩們在七五三節時會穿著振袖，這也是她們人生第一次穿和服。

是日本神社與佛寺相當重要的年中行事之一。

德川幕府位在關東，七五三也是從關東發源，逐漸遍及全日本。每年十一月十五日這一天，符合年齡的小朋友，女孩會穿著振袖和服，男孩除了和服外也會穿著西裝，跟著父母前往神社參拜，然後到相館拍美照，購買這一天必吃的「千歲飴」，回家吃好料。

三月三・女兒節・雛人形

七五三算是男孩女孩都會過的節日，而三月三日女兒節就是女孩專屬的節日了，日文稱為「雛祭り」，又稱為「桃之節句」。每年到了女兒節這一天，家中有女兒的家庭便會在客廳擺上一個階梯狀的台子，由上至下、由少至多的擺上穿著華麗和服的人形偶，這些人偶稱之為雛人形。

日本女兒節的由來，源自中國唐朝的上巳節中，送厄船與流水曲觴等活動，相傳是一對家中有女兒的夫婦，女兒生病後，經高人指點，紮了紙娃娃，讓病痛轉移到紙娃娃身上，然後放入河裡流走，沒想到女兒居然因此痊癒。

也因此農曆三月三日上巳節那一天，人們便會紮紙娃娃放水流，而文人也聚集在一起吟詩作賦，著名的王羲之蘭亭集會，就是在上巳節這天舉辦。也因此上巳節有消

雛人形代表著日本女孩的成長，因此女兒節的到來，許多地方都會舉辦雛人形展。

三月三日女兒節這一天，就要吃花壽司、蛤蜊湯、菱餅等，因此許多超市會讓消費者預約。

東京迪士尼特別為女兒節推出的米奇與米妮雛人形，相當有趣。

一整組的雛人形，從上到下約有七到八層，整組要價不菲。

災祈福、淨身解厄的意義，在當時的中國社會是相當重要的節日，也在平安時代傳入日本。當時的平安京朝廷貴族跟著如法炮製，貴族女子之間，開始幫人形娃娃打扮華麗的服飾；到了江戶時代演變成農曆三月三日這天，只要有女兒的家庭，就會在家中擺飾這些華麗的人形，慶祝女兒節。

明治維新之後，女兒節改為新曆三月三日，然而擺設雛人形的習俗維持至今，成了吾家有女初長成的代表活動。一整套的雛人形從上到下共分七階，從最上面的天皇皇后（內裡雛）、三人官女、五人囃子（樂隊）、左右大臣、三人侍衛、小型嫁妝以及最下方的牛車、轎子或是重箱等道具，約十五尊人形。有時候還會增加三歌人（柿本人麻呂、小野小町、菅原道真）、三賢女（紫式部、小野小町、清少納言）或是小兒一對等，讓整體擺設更加豪華。雛人形整組擺設起來很霸氣，不過費用也很驚人，幾十萬日幣跑不掉，如果是名家或老舖，搞不好要百萬以上，絕非一般庶民所能負擔。所以一般家庭頂多是用基本款（通常是內裡雛），價格實惠許多。雛人形在女孩結婚時通常會當成嫁妝帶走，可以代代相傳，許多名門出身或是歷史悠久的家族，在長時間的累積之下，擁有的雛人形陣容相當可觀。

現代社會講求多樣化，這些人形已不侷限於過去的傳統樣式，反而像是凱蒂貓、甚至東京迪士尼樂園還有米老鼠與米妮版。一般家庭自二月中就會開始擺放雛人形，

東京鐵塔掛鯉魚旗的活動，是與岩手縣大船渡市合作，所以在主竿上有一條是秋刀魚旗（右旗竿最上方）。

象徵女兒們可以健康長大，直到三月三日當天就得把雛人形收起來，否則會有女孩嫁不出去的傳說。此外，三月三日這一天還要吃花壽司與蛤蜊湯，象徵女性對於愛情的專一如蛤蜊的兩片貝殼緊密結合。

五月五・男孩的端午・鯉魚旗

至於男孩們專屬的節日，則是五月五日端午節。台灣的端午節應該是吃肉粽、划龍舟，順便吵吵南北粽，在日本卻是兒童節，有點難以想像。不過日本的端午節也是源於中國傳來的習俗，早在飛鳥時代，遣唐使就從唐朝將端午掛菖蒲避邪除晦治百病的習俗傳入日本，當時也稱為「菖蒲節」。

東京鐵塔在每年四月底開始，都會在玄關前廣場，掛上 333 條的鯉魚旗，相當壯觀。

端午傳入日本之後，一開始是在貴族間流行，有趣的是，當時的日本人崇尚武藝，加上之後的年代戰亂頻仍，菖蒲的日語發音與「尚武」同音，且菖蒲長得很像刀劍，在武士崛起的這個年代，端午菖蒲就逐漸轉變成「尚武之節」，也衍生出許多新的習俗。像是打仗要靠男性，因此武士家中，男丁就相當重要，祈求家中男孩能夠平安長大，成為一名英勇武士，就與端午的「尚武之節」融合，使得日本的端午節成為慶祝男孩的日子。鎌倉幕府時代，蒙古族來襲，幕府下令在農曆五月五日端午節，家家戶戶擺設鎧甲與兵器並掛上軍旗，以提振武家士氣，這個習俗就此被保留下來。進入江戶時代，德川家康一統天下，日本也進入兩百多年的太平盛世，但尚武之節在武士統領天下的時代，仍完整保留下來：到了端午這一天，與女兒節要擺設雛人形一樣，有男孩的家庭，會擺設鎧甲與兵器，至於掛軍旗的習俗，在江戶時代則改成了鯉魚旗。

軍旗改成鯉魚旗，是根據中國古老的傳說「鯉魚躍龍門」而來。由於日本人很早便開始養鯉魚，在日本人的印象中，鯉魚在急流中奮勇向前，以及在池子裡努力躍出水面的樣子，是最有精神力及活力的魚類，象徵為了目標而努力向上，不畏艱苦，不屈不撓。鯉魚旗隨風飄揚的景象，也就像是在激流中努力向前，日本父母希望家中的男孩都能具有這樣的勇氣，以此祈願孩子能學習鯉魚向上的精神，未來成就一番大事業。最早懸掛鯉魚旗的只有武士階級，之後一般庶民也跟風，成為普遍的習俗。目前一般家庭用的鯉魚旗，最上面是迴旋球和風車，然後是象徵鯉魚的五色彩帶（可有可無），接下來分別是真鯉（黑色）、緋鯉（紅色）與子鯉（藍色）。但江戶時代的鯉魚旗，其實只有黑色的真鯉，那是因為江戶前期，鯉魚只有黑色，錦鯉魚還沒有被配種繁殖；但是到了明治時代，錦鯉已經相當常見，所以就多了紅色的鯉魚；進入昭和時代，則又多了藍色的子鯉，才有我們現在常見的黑紅藍三色鯉魚旗。

除了一般家庭，許多地方慶祝端午節也會大量懸掛鯉魚旗，成為當地特色活動，例如神奈川縣相模原市的相模川、岩手縣的北上川等地；又有山陰地方的米子自動車

每年一到四月，羽田空港國際線航站就會掛上巨大的鯉魚旗，搭配紫藤，成為一幅日本晚春初夏的意象。

日本端午除了掛鯉魚旗之外，還有擺設鎧甲與兵器的傳統。

傳統民家所懸掛的鯉魚旗，通常會有黑色的真鯉、紅色的緋鯉、以及藍色的子鯉。

道（高速公路），還會把風向袋改成鯉魚旗慶祝，相當有趣。二〇一一年起，為了東日本大地震後的復興，每年四月底開始，東京鐵塔會在玄關口廣場掛上三三三尾鯉魚旗，這個活動與岩手縣大船渡市合作，所以懸掛的鯉魚旗當中，有一條魚造型特別不同，這是大船渡的名產秋刀魚，算是整個活動的彩蛋。

成人式

一路以來歷經各種演變，日本人的端午節意義已與華人世界大不相同，只有長崎與沖繩仍保有划龍舟的習俗，稱為龍舟競渡。男孩女孩長大後，年滿二十歲就要在新年之後參加「成人式」，宣示自己是個獨立自主的新成人了。日本的成人式是在每年一月的第二個星期一舉辦，這一天日本各地方政府都會舉辦官方成年式活動，年滿二十歲的年輕人會身著美麗的振袖和服或是帥氣的西裝，開心地參加成年式，迎接成年。

日本成人式的歷史相當悠久，早在江戶時代，人們就會幫「成年」的男女舉辦儀式，例如男性會剃髮（元服）、女性也有剃眉與將牙齒塗黑等所謂的通過儀禮。那個年代男性十五歲、女性十三歲就算成年。而原本日本的成人式是在元宵節（農曆元月十五日）舉辦，明治維新後，明治政府使用的曆法由農曆改為新曆，所以慶祝成年的日子就改為新曆一月十五日。一九四六年，埼玉縣蕨市舉辦「青年祭」，希望日本在戰敗後百廢待舉之時，有更多青年成為國家復興的棟樑，並將這項活動命名為「成年式」。由於蕨市的活動相當具有教育意義，影響了日本政府的態度，因此在一九四八年公佈的「祝日法」中，便將一月十五日訂為「成人之日」，將民間習慣正式列入國定假日，也讓各地政府開始普遍的舉辦官方的成人式。直到一九九八年日本修改祝日法，導入「快樂星期一（Happy Monday）」的制度，成人之日這才相應改為每年一月的第二個星期一。

而這些地方辦的成人式，也相當有趣，例如位於千葉縣浦安市，居然就選在當地的東京迪士尼樂園，參加成人式還可以看米老鼠唐老鴨載歌載舞；福岡縣北九州市，也曾在當地的太空世界樂園（SPACE WORLD）舉辦成人式，只可惜北九州太空世界在二〇一七年閉園，讓當地居民相當失落；至於千葉縣成田市選在成田國際空港舉行成人式，可以跟來自世界各地的客機合影，也相當特別；同為千葉縣的鴨川市，則是選在鴨川海洋世界舉辦，讓年滿二十歲的新成人們可以在海獅的祝福下，歡度成年。所以說，地利之便，還真不是別的地方所能擁有的。位於本州北端的青森縣今別市在北海道新幹線通車前，特別選擇在奧津輕今別車站，舉行別開生面的成人式，號稱空前絕後，因為新幹線開通後，就再也沒回來舉辦過了；身處南國的沖繩縣石垣市，舉辦成人式時，全體都會跳起沖繩的傳統舞蹈！

當然，多數成人式還是比較傳統，在公民館或是大會堂等地舉辦，只是參加者往往會搞些噱頭，像是有人乘坐傳統的轎子到場，有人穿著華麗的晚禮服，在和服群裡特別醒目。也有人會帶著啤酒準備慶祝成年，畢竟日本民法規定，成人的法定年齡是二十歲，到了這一天才能合法飲酒抽煙。不過過去曾發生喝完酒後發酒瘋大鬧會場的事件，所以有些地方的成人式規定不准飲酒，警方也會戒備防止事端，算是成人式的一個插曲。

成人式有一定的人潮，政治人物自然也會出沒其中，到場恭祝兼拜票，自衛隊也會派人來發傳單，希望大家為國為民，都來加入自衛隊。這一天周邊許多店家也會推出成人折扣，讓年滿二十歲的新成人享受購物的樂趣，許多遊樂園也會配合推出折價套票，歡迎大家來玩。

由於日本政府打算修改民法，將成人的定義下修為十八歲，因此未來成人式的參加年齡也會跟著降低。自宅附近剛好是地方政府舉辦成人式的會場，每年到了成人式這一天，看到帥氣美麗的新成人們，總覺得自己也跟著年輕起來了！

參加完成人式後大家合影，慶祝成年。

每年的成人式，年滿 20 歲的櫻花妹會穿上美麗的和服。

終於可以合法飲酒了，大家人手一瓶啤酒，慶祝成年！！

春天的美麗與煩惱

自從二〇〇一年第一次來日本賞櫻之後，我就被櫻花美景震撼到了，相信很多朋友們只要曾在日本賞櫻，就會愛上的吧！

花粉症——原來是柳杉

搬到日本後，年年都可以賞櫻，不過美景當前，卻聽到身邊不少人抱怨每到春天就很痛苦，還有在日台僑提醒，說來日本住個三五年，大概就會得花粉症，聽了實在心驚。可以說凡事都是一體兩面，日子總是要過，中了花粉症也只能面對。一般來說，花粉症好發的時期大概從二月就會陸

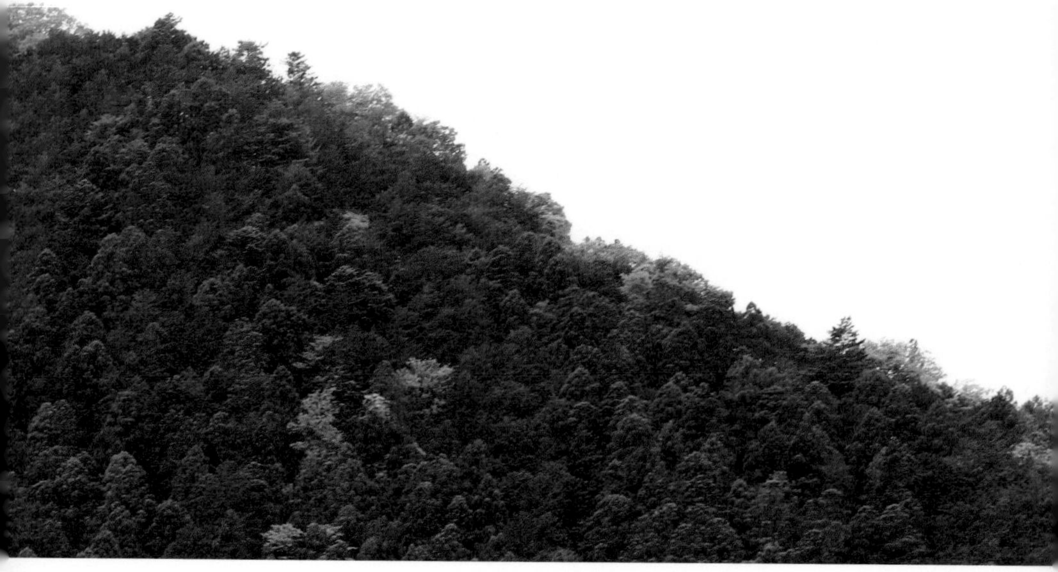

續開始。花粉症是過敏性鼻炎的一種，主要症狀大概是鼻水、打噴嚏、鼻塞以及眼睛搔癢，俗稱「花粉症四大症狀」，有些人會有頭痛與輕微發燒的症狀，常讓人誤以為是感冒。

花粉症的過敏原主要是柏科（如柳杉、扁柏等）、松科、禾本科與部分的菊科植物，當人體吸入大量花粉，體內自我保護的免疫機制產生強烈的排斥現象，從而產生。花粉症最早是一九六三年東京醫科齒科大學的副教授齋藤洋三，發現當時罹患眼鼻過敏人數大量增加，經過研究之後才發現過敏原來自於花粉。齋藤洋三教授於一九六四年發表花粉症的論文後，這個症狀才受到重視，隨著時代

二戰末期，因大量砍伐低海拔樹木，戰後大量種植日本柳杉，也導致現在日本花粉症嚴重。

的推移，得到花粉症的人越來越多，不過會大量出現花粉症的過敏原，其實與二次大戰也有關係。

當年二戰末期，日本因軍事需要而大量砍伐低海拔的森林，二戰後因森林消失，水土保持不佳，導致許多災害，日本政府開始研議森林復原計畫。經過研究之後，政府決定廣植日本柳杉，一方面那是日本的原生特有樹種，常見於低海拔地區。另一方面，自古以來，日本各地的藩城、宗教建築（神社、佛寺等）或是一般平民百姓的住家，幾乎都是木造建築，由於日本柳杉大約三十年即可成材，質地輕且強韌，具有防水與抗腐蝕等優點，木材本身還帶有清香，因此十分受到喜愛，成為日本木造建築最主要的建材。加上戰後那個百廢待舉的年代，種植日本柳杉一旦成材，不但滿足正在大興土木的國內市場，還可以外銷歐美，賺取外匯，幫助日本復興，算是一舉數得，擁有如此多的優點，也難怪當時的日本政府會大量栽種日本柳杉了。

這批大量種植的日本柳杉一度成為相當重要的建材來源，然而到了一九六〇年代，因建築技術的進步，大量使用混凝土，木材使用量大減，再加上海外木材的價格低廉，本國木材比不過進口木材，最後這些日本柳杉就乏人問津，任其自然成長而無人聞問。根據統計，目前日本的國土面積當中，高達百分之十二為日本杉人工林，大約是東京都二十三區的七十二倍，可以說日本柳杉在日本的低海拔森林中，佔有一定的比例。然而誰也沒想到，這些閒置的日本柳杉，卻是造成花粉症的元凶——原因是日本柳杉樹齡達到三十年即為成樹，會開始大量產生花粉，每到春天授粉季節，便大量飛散。

過去柳杉一成樹便被伐木為材，並沒有花粉四處飛散的問題，但一九六〇年代放棄砍伐日本柳杉後，正值成年的日本柳杉便開始產生數量可觀的花粉，飛散到空氣中，成為令人聞之色變的過敏原了。根據統計，花粉症好發地區主要集中在東京、名古屋、大阪等都會區，發病者佔總人口的三成以上，東京都民比例更高，幾乎每兩人就有一人得到花粉症。

不過東北或是九州等日本柳杉大量種植的鄉村地區，花粉症的比例卻只有兩三成，這是因為花粉散逸時，鄉村地區的花粉會被土壤吸收，但都會區高樓大廈林立，且地表多為柏油路、水泥地等人造鋪面，花粉難以被大自然吸收，反而四處飛散，成為人體的過敏原。

花粉症現在是日本每年春天必然的季節病，二月開始，各大藥妝店都會出現花粉症專櫃，販售各種口罩、過敏藥、護目鏡甚至於空氣清淨機等，不過將近四分之一的日本國民受到花粉症影響，社會成本仍相當龐大。因此，日本政府也結合相關單位研發出「無花粉日本杉」，打算取代現有的日本柳杉，只是日本柳杉的數量太多，替換樹

即將成熟的日本杉毬果，已經轉變為黃色，之後花粉就會大量噴發，成為可怕的花粉症過敏原。

種根本緩不濟急；而根據專家研究，日本柳杉大量飄散花粉的年限大約還有十年左右，所以在年限之前，也只能忍耐了。

日本扁柏的毬果。日本扁柏也是花粉症過敏原的成因之一，但數量不若日本柳杉那麼多。

日本目前有非常多花粉症的藥品，可見日本花粉症之嚴重。

賞櫻——染井吉野櫻PK神代曙

花粉症比例越來越高，春天讓人煩惱，但春神到來的時節，還是得調整心情，欣賞美麗的花海，才不枉美麗的櫻花季。

日本人賞櫻的習俗由來已久，這項習俗也源於中國的大唐盛世，由於國力強盛，文化與藝術水準堪稱東亞上乘，文人雅士賞花飲酒，吟詩作對，讓來自日本、醉心吸收唐代文化的遣唐使們看了好不羨慕，也將賞花的習俗引進日本，成了日文所謂的「花見」。

賞花習俗傳進日本時，正值奈良時代，一開始日本的花見跟中國一樣都是賞梅花，不過到了平安時代，因日本各地盛產櫻花，加上日本人認為櫻花代表純潔，在盛開的最美的時刻，落下雪白的花瓣，短暫而美麗，有種淒涼的美感，就如同人的生命，與其逐漸老去，不如在最巔峰燦爛的時刻凋零。

這樣的人生觀與櫻花相結合，開創了日本人獨特的生命美學，因此日本的花見改成賞櫻，成為日本文化中相當重要的元素。根據史料記載，日本最早的賞櫻活動是西元八一二年，當時嵯峨天皇在京都的神泉苑舉辦的「花宴之節」。傳說前一年嵯峨天皇因為看到清水寺旁地主神社盛開的櫻花而動心，所以不但舉辦了花宴，神社方面也持續進貢櫻花樹，這讓朝廷內的貴族興起一陣賞櫻旋風，櫻花成為上層社會的最愛，也影響了武士階級與民間。直到安土桃山時代，統一天下的豐臣秀吉舉辦盛大的花宴，受到日本社會歡迎，賞櫻也就成為全民運動了。

櫻花季時，人們在櫻花樹下鋪上坐墊或是搭帳篷，飲酒用餐聊天。

雪白一片的櫻花與古剎，是對於日本普遍的印象。

除了食物有著濃濃櫻花風之外，連啤酒都成了粉紅一片。

賞櫻季來臨，日本的超市就開始販售許多跟賞櫻有關的食物，有些還呈現粉紅色的櫻花意象，吸引民眾購買。

目前日本大約有六百多種櫻花，分布於整個日本列島，各地的原生櫻花品種都不太一樣，呈現的樹形、花色也都各有特色。目前日本的櫻前線是以染井吉野櫻為主，她在花苞期呈現粉紅色，滿開時卻是一片雪白，凋謝時片片花瓣掉落，有時陣風吹來，宛若下雪，所以被人們稱為「櫻吹雪」。

有趣的是，吉野櫻其實是江戶末期，由江戶染井村的園藝庭師將大島櫻與江戶彼岸櫻雜交嫁接配種而來。因為誕生於染井村、加上日本自古以來的賞櫻名所吉野山，所以將之命名為「染井吉野櫻」。染井吉野櫻本身並不具備繁殖能力，全都是由樹苗扦插繁殖，就連在台灣的吉野櫻，也都是透過嫁接在原生種的寒緋櫻才能存活。但也因此，吉野櫻的花期、花型與顏色幾乎一樣，會在同一時間綻放，形成令人驚艷的花海。

由於染井吉野櫻的花型優美，符合日本人心目中的櫻花美學，所以從明治時代開始，便大量種植染井吉野櫻，日本從北到南，到處都看得到，是日本最具代表性的櫻花品種。染井吉野櫻有所謂的六百度開花準則，即從每年二月一日初春來臨之際起算，只要每一天的最高溫度累積達到六百度，染井吉野櫻就會開花。

這個準則再配合天氣預報，大多可以預測出該年度各地的開花時程，這就是所謂的「櫻前線」；至於開花的標準，則是會在各地設定標準木，例如東京就是以靖國神社內的一棵標準櫻花樹為主，只要開花超過五朵（五輪），氣象廳則會宣布開花，所以每到預測日前幾天，靖國神社就會擠滿各家媒體，以及湊熱鬧的民眾，等待氣象廳的觀測人員宣布。

吉野櫻滿開之後，就是賞櫻的高峰，人們鋪好帆布或坐墊，在櫻花樹下享用餐點或飲酒作樂。這當中也有許多潛規則，例如公司在部門長官的指示下，最資淺的新進員工通常會免除勤務，負責先去公園佔好位置，地點先搶先贏，搶到位子後就得張羅啤酒、便當、甚至下酒菜，比較熱門的場地例如上野公園、芝公園等，兩三天前就得去佔位子，因此幫公司賞櫻佔位，就成為每位新人必經的過程了。

賞櫻氣氛和樂，吃吃喝喝後，自然垃圾滿地，雖然大部分的日本人相當自律，不過喝醉酒四處發酒瘋或是醉倒各地的情形，也所在多有。同時由於這幾年越來越多海外觀光客前來賞櫻，但不懂在地風俗，常與在地人發生衝突，也成為相當困擾的社會問題，日本媒體便曾製作專題探討。此外，更大的危機在於許多吉野櫻染上了天狗巢病，或是因外來的紅頸長角天牛逐漸肆虐而讓不少染井吉野櫻死亡。

染井吉野櫻的壽命大約六十至八十年左右，目前日本各地的吉野櫻大多是一九六〇年代種植，不少專家擔心也許幾年後日本就會無櫻可賞。針對這些櫻花危機，除了撲殺病原之外，日本的園藝專家也開始尋找替代方案，長年負責推廣種植櫻花的公益財團法人「日本花之會」，便提出新方案，建議改種有日本櫻花救世主之稱的「神代曙」。

染井吉野櫻由於生長特性，因此花朵會在同一時間綻放，形成大面積花海的特殊景象。

櫻吹雪一直是海外觀光客十分嚮往的美景，也代表著日本人堅持完美的國民性格。

有著櫻花救世主美譽的「神代曙」，不管是花型、顏色等都與吉野櫻相似，而且抗病力強。

夜晚到來，點燈後將整個天空染成白色，賞夜櫻相當夢幻浪漫。

神代曙是東京都調布市的神代植物園培育出的櫻花品種，於一九九一年命名。神代曙的花型與色澤與染井吉野櫻類似，而且花期也雷同，更重要的是有極強抗病性，不易罹患天狗巢病，這讓神代曙成為代替染井吉野櫻的最佳選擇，目前不少地方都打算全面替換成神代曙，或許這會是未來日本櫻花的樣貌吧。

紫藤花開

賞櫻我當然很愛，但身為園藝系的畢業生，視線所及自然不只櫻花。身處日本這個四季分明的美麗國度，春天除了櫻花季，緊接著四月是杜鵑花的季節，四月中起，還有我非常喜愛的紫藤季。紫藤對日本人的文化影響不亞於櫻花，像是日本人的姓氏就有許多跟藤有關：藤原、佐藤、伊藤、齋藤、近藤、工藤等，而日本武家的家紋，也有不少使用十大家紋之一的藤紋，根據統計，江戶時代約有一百七十家的武士使用與藤有關的家紋。由此可知紫藤早已深入日本文化，早在奈良時代的萬葉集，即有不少以紫藤為題材的短歌集，許多日本貴族與文人雅士也將賞紫藤花作為重要的休閒活動，而且日本皇室的代表色是紫色，讓紫藤更具代表性。

紫藤的花期大概是四月中至五月初，日本有不少賞紫藤的聖地，像是東京的龜戶天神社、埼玉縣春日部的牛島紫藤、福岡縣八女市的黑木大藤、岡山縣和氣町的藤公園，以及位於栃木縣足利市的足利大藤等，每當紫藤花期到來，一片紫色花海，身處其中十分夢幻，也深受女性的喜愛。

日本各地的紫藤中，知名度最高的就是足利大藤了，這裡曾被美國有線電視新聞網CNN列為世界十大夢幻景點，頗具盛名。位於足利花卉公園的足利大藤樹齡約一五〇年，在精心照顧下，蔓延的面積達一千平米，晚上還有點燈秀，冬季來臨時園方還會將足利大藤懸掛大量的紫色LED燈泡，點燈後宛如紫藤花開，吸引龐大的觀光人潮。

五月紫藤季結束後，六月開始，日本陸續進入梅雨季，此時則是紫陽花（アジサイ，中文稱為繡球花）盛開的季節，雨天中看著美麗的紫陽花，也昭告著春天就此結束，當七月中出梅後，日本就進入炎炎盛夏了。

為世界十大夢幻景點之一的足利大藤，佔地相當寬廣。

足立花卉公園除了紫藤外，還有 350 株白藤所組成的白藤隧道。

花期伴隨著梅雨一同到來的紫陽花，宣告春天結束夏天即將到來。

天皇誕生的日子

上班族最企盼的，除了薪水應該就是休假吧！

相較於台灣一年大概一百一十幾天的休假日，旅居日本之後就會發現，日本人一年的休假日大概比台灣多出一週，而且幾乎每個月都會有一次三連休。仔細研究就會發現有幾個假日很有趣，像是四月二十九日昭和之日、十一月三日文化之日，以及二月二十三日的天皇誕生日。

這幾天其實都是現任與前任天皇的生日，現任天皇德仁（在日本稱之為今上天皇）的生日是二月二十三日，四月二十九日從名稱就可知是昭和天皇的生日，十一月三日則是明治天皇的生日，至於和皇室有關的假日，還有五月四日的「綠之日」以及十一月二十三日的「勤勞感謝日」等。

歷任天皇的生日

在君主制的日本，天皇作為國家象徵，地位崇隆，天皇誕生日也有相當悠久的歷史，又被稱之為「天長節」。天長節一詞最早源於中國，唐玄宗李隆基當朝時，在西元七四八年將自己的生日以老子「天長地久」命名為「天長節」，之後傳到日本，當時的光仁天皇（七七〇—七八一年在位）也如法炮製，將自己的生日命名為天長節，只是光仁天皇駕崩之後，天長節就不再使用。直到明治時代，一八六八年政府將明治天皇的生日制定為天長節，並且成為國定假日；之後大正天皇即位，天長節也就跟著改到大正天皇的生日八月三十一日。不過明治天皇的功績太過偉大，讓日本人感念在心，加上日本政府形塑皇權至上，因此保留十一月三日為國定假日，並改稱「明治節」。

二戰後已是昭和天皇在位，原本的明治節也改以「愛好自由和平，並推廣文化」為由，改成「文化之日」，而當時的天長節四月二十九日則更名為「天皇誕生日」，這兩天都列為日本的國定假日。

一九八九年昭和天皇駕崩後，原本的天皇誕生日改成明仁上皇的誕生日十二月二十三日，眾所皆知，昭和天皇也是一位生物學家，加上昭和在位六十三年，在位期間是日本變化最大的年代，為了感念昭和天皇的功績，故將這一天定名為「綠之日」，增加國民對於環境保育的意識。

二〇〇五年，日本國會通過將「綠之日」移至五月四日，原本的日子就更名為昭和之日，再加上週休二日搭配增補的假日，前後幾天成為日本的黃金週，讓民眾得以擁有長假。二〇一九年，上皇明仁生前退位，德仁繼任天皇，因此天皇誕生日變更為二月二十三日。

皇居外的二重橋，是外國觀光客訪日必到的景點。

京都成為日本的首都有1074年，經歷的天皇相當多，市區內到處都有天皇陵。（圖為第98代長慶天皇嵯峨東陵）

日本皇室歷史悠久，而原本的皇宮京都御所，已有千餘年的歷史。

萬世一系的日本天皇

談到天皇誕生日不禁讓人好奇，為何天皇在日本民眾心目中佔有如此重要的地位？這個全世界歷史最悠久的皇室，根據日本史書記載，號稱長達二千六百多年歷史，現任的德仁天皇已是第一二六代——雖然根據考古學研究，第十五代應神天皇（二七〇—三一〇在位）才算可信度高的天皇，之前的十四代天皇只能列為神話傳說。——即便如此，日本皇室至今一千八百年，在世界上也算是一大奇蹟。其實日本皇室能夠持續綿延，主要是因為皇室掌有實權的歷史相當短，多數時期僅是國家象徵，但也正因如此，日本皇室才不致被推翻。此外，日本人最普遍的傳統宗教神道教也是以日本皇室為中心的宗教，根據傳說，第一代天皇神武天皇號稱是神之子，是天照大神的後裔，這是過去為了強化皇權，因此稱天皇是人間之神（現人神），直到二戰終戰之後，昭和天皇在盟軍的主導下發布「人間宣言」，才破除「天皇是神」的說法。

不過在神道教中，日本皇室的角色仍相當重要，每一年宮中祭祀有許多特殊的祭典，像是四方拜、祈年祭、神嘗祭、新嘗祭等，都是神道教的特殊節日；此外還有象徵天皇對日本統治正統性的三件神器：八咫鏡、草薙劍、八尺瓊勾玉，除了勾玉放在東京的皇居，前兩件分別放在三重縣的伊勢神宮與愛知縣的熱田神宮，天皇必須前往伊勢神宮參拜，可見日本皇室與神道教的緊密關係。

這些緣由讓日本皇室得以「萬世一系」，延續至今，成為日本國憲法第一條所敘「天皇是日本國的象徵，是日本國民整體的象徵」，自然也獲得一般日本民眾的尊敬。

進入民主時代的日本，天皇與民眾的距離已相對拉近。目前位於東京都內最中心的皇居雖是日本天皇的居城，周邊戒備森嚴，不過皇居東御苑每天都開放民眾免費入內，皇居主管機關宮內廳，也開放民眾預約參訪。

一般參賀

當然，最讓日本人期待的便是每年的大年初二（日本過的是新曆年），皇居開放民眾入內前往宮殿前廣場，天皇夫婦與其他皇室成員會一同出現在宮殿長廊，向現場民眾發表祝詞，恭賀新的一年到來。這個稱為「新年一般參賀」的活動，每年都吸引數萬人參與，也因此會從一早持續到下午，共舉辦五次左右（有時會視情況臨時予以增加），NHK也會在第一次一般參賀時進行直播。

新年一般參賀是在戰後的一九四八年首次舉辦，在戰前那種皇權至上、且天皇是「神」的教育下，皇居（戰前稱為宮城）是不可能讓一般老百姓入內的，更遑論看到天皇的「御容顏」。戰後之所以開始舉辦一般參賀，主要還是政治因素。

清早的皇居前廣場，已經聚集大批準備參加一般參賀活動的民眾。

皇居正門打開，讓民眾入內，由宮內廳人員與皇宮警察引領，後方的錦旗相當醒目。

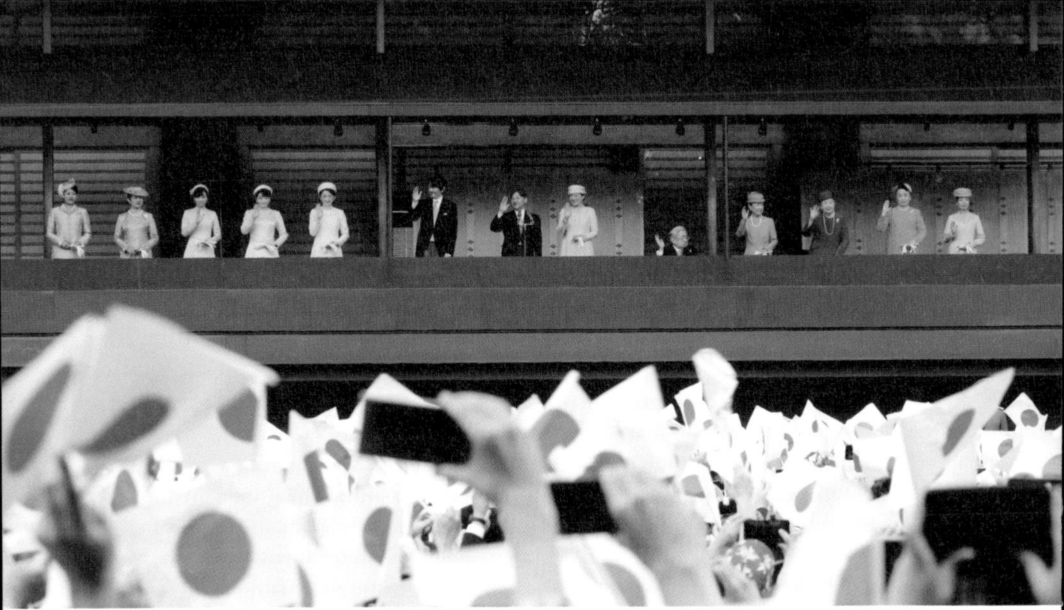

皇室成員們在長和殿出現，現場民眾揮舞日本國旗迎接。

日本皇室的總管宮內廳，位於皇居新宮殿一旁。

皇居新宮殿長和殿與前廣場，是舉行一般參賀的場所。

一九四六年當昭和天皇對外發出人間宣言詔書，表明自己是「人」而非「神」，自然也就打破了過去日本政府致力形塑的那道人神藩籬。再者，雖然戰爭已經結束，但日本天皇制度面臨的挑戰才正開始，外有蘇聯等國要求逮捕天皇處刑，內有左派亟欲廢除天皇制，內外交迫下，為了重建人民的信心，讓日本自殘破中復興，也為了實踐人間宣言，日本政府便規劃昭和天皇全國「行幸」，向各地民眾加油打氣。這項計畫推動之後數年之內，昭和天皇踏遍了日本全國各地，人們看到過去稱為「現人神」的天皇，如今身上穿著普通的西裝，與他們話家常，還為他們加油打氣，一方面感到不可思議，另一方面也感到窩心，當然美國老大也很滿意，趁機推廣民主主義已擺脫法西斯的陰影。

有了這個不錯的起點，為了讓國民與皇室之間能有更多的互動，皇室大門也就此開啟，過去重重宮牆的皇居，成為民眾也能入內的處所，日本人也能經常近距離的與皇室成員互動，只能說民主真好啊！

除了新年，天皇誕生日當天也同樣會舉辦參賀活動；此外天皇駕崩、新天皇即位，服喪期間結束，正式登基（即位禮正殿之儀）之後，也會舉辦一般參賀，這是在一九九〇年昭和天皇駕崩、明仁上皇登基後首次舉辦。有趣的是，二〇一九年德仁天皇即位登基，也依循往例舉辦一般參賀，由於明仁上皇是生前退位，所以五月一日德仁天皇登基後，五月四日便舉辦一般參賀，而於二〇二〇年一月二日，舉辦了令和年代第一次的新年一般參賀，今上天皇與上皇一同出席，算是史上第一次的特殊現象。通常參賀活動會在上午九點半皇居正門開啟時拉開序幕，不過此前二重橋前廣場已擠滿民眾，而且會有特定團體手持錦旗，徹夜等待，當皇居正門一開，錦旗隊伍就會跟隨著宮內廳職員與皇宮警察後方入內，不但醒目，且精神令人佩服。此外，國旗協會的志工們，也會在等待期間向民眾發放小國旗，而入內的民眾不乏知名人士，近年也有不少外國人，畢竟現今在君主制國家當中，仍保有皇帝（Emperor）稱號的也僅剩下日本了，難怪會吸引這麼多海外觀光客。

年號紀元

事實上，天皇制對於日本民眾的影響不僅在於宗教與政治體制，還遍及生活，像是年號（日文稱為元号）的使用便是一例。

目前日本的年號為令和（Reiwa），自二〇一九年五月一日開始使用，是德仁天皇使用的年號，也是日本自明治時代發布「一世一元制」以來，第五個使用的年號（明治以前的天皇可以使用多個年號，像是明治天皇的父親孝明天皇在位二十一年間，就使用多達六個年號）。同一位天皇變更年號，通常是遇到國家發生重大變故或是災難、遷都、天皇本身宣示變革、人事變動等大事。

宮內廳與皇宮警察有時要負責駐外使節赴任時向天皇呈遞到任國書所搭乘的馬車隊，使用的馬車已有一百多年的歷史。

日本皇室搭乘的列車稱為「御召列車（お召し列車）」，由 JR 東日本負責運行。

天皇所搭乘的車輛稱之為「御料車」，目前使用的是由豐田自動車製造的 Century Royal。

年號的使用同樣源自中國，飛鳥時代的孝德天皇推動改革，並且在西元六四五年開始使用「大化」這個年號，不但是日本第一位使用年號的天皇，當年所推動的改革也被稱為大化革新。

雖然曾經使用年號的國家包括中國、朝鮮、越南、蒙古等亞洲國家，不過至今只剩下日本，也許有人會說台灣也使用民國紀年，不過意義與樣態跟日本的年號畢竟不同，再者日本的年號選擇，也是一門學問。

自大化直到令和，共使用了二四八個年號，這些年號在日本歷史上都沒有重複過，古代年號的選定有部分曾參考中國皇帝的年號，此外絕大部分出自中國古籍，像「明治」是出自於《易經・說卦傳》的「聖人南面而聽天下，向明而治」；而「昭和」則是出自《尚書・堯典》的「百姓昭明，協和萬邦」。

不過目前德仁天皇所使用的令和年號，則是首次使用了日本古籍《萬葉集》梅花歌的「于時初春令月，氣淑風和」，算是意義相當重大。

由於日本的文書、個資、月曆、票證等，過去都是以年號紀年，當改元時，先前所印製的印刷品就會面臨無法使用的窘境。加上日本逐漸國際化，旅居日本的外籍人士高達近三百萬人，二〇一九年觀光客更多達三一八八萬的歷史高峰，這麼多外國人對於日本的年號根本一頭霧水，也因此這幾年日本許多地方已改用西元紀年，像是鐵道票證除了少處私鐵，電腦印製的車票大多已經使用西元了。

縱使國際化逐漸降低天皇制對日本社會的影響，不過像日本這麼重視傳統的君主制國家，相信皇室在日本人心目中的地位仍無可取代。從小就接觸日本文化的我，至今仍記得一九八九高二那年，從小耳朵的ＮＨＫ衛星頻道中看到昭和天皇的大喪，以及隔年明仁上皇的即位典禮；更沒想到三十年後的自己會住在日本，還經歷了上皇生前退位，以及新天皇即位的一切歷程。日本的年輕人在改元時，常會開玩笑說「我們已經是上一個年號的人了」，而我這種昭和時代出生成長的歐吉桑，居然已經歷了三個年號，這或許也可作為自己二三十年來，努力想理解日本這個國家最好的一個註解吧！

A 圖片中間為一直受到日本民眾喜愛的（前）真子內親王，2021年與小室圭結婚後，脫離皇室身分；圖左為佳子內親王，圖右則是姊妹倆的母親皇嗣妃紀子。

B 今上天皇德仁與雅子皇后。

C 上皇明仁生前退位，日本政府也破例在改元前一個月，宣布新年號，吸引民眾搜集報紙的號外做紀念。

D 難得遇到新天皇即位，鐵道公司也發售限量紀念票，供民眾搶購蒐藏。

後記／

這本書是在二〇一七年開始著手撰寫，直到二〇二一年付梓，已經歷了四年的時間，期間經歷了世紀疫情COVID-19，讓原本火熱的日本旅行驟然而止，然而台日雙方的友好，卻在這次的疫情當中展露無遺。

就在疫情之初，日本極缺口罩的當下，台灣伸出援手，不管是官方或是民間，致贈日本高達數百萬份的口罩，此外還有製氧機與體溫計等。二〇二一年五月台灣疫情遭突破而升溫，日本也陸續捐贈疫苗給台灣，總計高達四百多萬劑。

也因此看到許多台灣朋友，紛紛表態希望在疫情結束後，能夠赴日旅遊買爆日貨，而日本人何嘗不是如此？這段期間台灣成了日本網路搜尋最夯的詞彙，許多連鎖超市賣起台灣飲料與台灣泡麵，至於台灣雞排和台式蛋糕（台湾カステラ）成了日本人的最愛，彼此的情誼展現在各個層面，令人感動。

然而長達近兩年的疫情，也的確改變了日本民眾的生活，因為疫情的延燒，原本活絡的夜生活，在日本政府的要求下，晚上八點後就幾乎關店，過往能夠與同僚好友先去居酒屋喝上一杯，如今卻成了奢求，這樣的日子讓很能忍的日本人，最終也走到了「防疫疲乏」的狀態。

不過隨著疫苗的普及，二〇二一年九月底開始，日本各地的疫情便逐漸降溫，十月下旬更是今年疫情的最低點，日本政府針對原本的社會管制解封，過往的不夜城重現，日本人忍受了十一個月，終於又能與三五好友們，在飲食店內喝酒閒聊。

即便如此，原本的生活就能回復嗎？我想答案是否定的，這個疫情仍像無底洞般，考驗著人們的耐性，可以想見目前的「防疫新生活」，仍需維持一段不算短的時間，但只要堅持下去就有希望，相信總有一天大家能夠再一次的說走就走，前往日本旅行的。

這本書能夠完成，首先要感謝我的父母與妹妹，沒有他們的包容與支持，我沒有機會能夠任性的來到日本，更遑論能夠撰寫這本書。再來也要感謝幾位自組社團「雄飛社」的好友們，包括台灣師大地理系洪致文教授、國家鐵道博物館籌備處鄭銘彰主任、紀錄片導演黃威勝、公共電視製作人黃湘玲、林政廷、陳鶴仁等人，謝謝你們這二三十年來，給我的指導及包容。

同時要感謝大學時台灣文化研究社的學妹瞿欣怡，至今仍想到在社團裡講鐵道、出社刊的過往，這次願意幫我寫推薦序，真的很感激。當然也要感謝《報導者》雜誌執行長何榮幸大哥、旅台作家片倉佳史、旅遊大師工頭堅、《VERSE》創辦人鐵志兄、美食專家家雯姐、台日關係協會邱義仁會長、桃園市鄭文燦市長、立法委員林昶佐，謝謝你們的推薦。再來要感謝文化的學長、也是曾經的長官周奕成，還記得二〇〇九年我們曾經針對「地方創生」聊了許多，如今看到學長的成就，真的很開心。

此外還要感謝曾經的同學與同事們，雖然大家都各奔東西，但仍保持聯絡並相互鼓勵，也謝謝上報、轉角國際、想想論壇等媒體界的朋友，感謝各位願意給小弟發揮的舞台。

要感謝的朋友們實在是太多了，旅居在日本的這段時間裡，包括駐日代表處謝大使、駐日媒體的大哥大姐們，幫忙小弟非常多，此外也有許多好友只要來日本就會與小弟相約，還帶來許多家鄉名產，這一切小弟都銘感在心。最後要感謝的是我的太太，旅居日本正是人生最大的轉變，有她的支持才讓我無所顧慮的將這本書完稿付梓。

回顧這段日子，一路走來相當辛苦，但也更能近身觀察日本這個國家，而這本書只是一個發端，也仍有許多不足之處，尚望各方海涵與指教，小弟也將繼續努力，為日台交流盡一份心力。

二〇二一年十月 於東京自宅

釀生活38　PC0779

我在日本的24hr：街頭巷尾的常民生活日誌

作　　者	陳威臣
圖片攝影	陳威臣
責任編輯	鄭伊庭
內文完稿	楊家齊
封面設計	王嵩賀

出版策劃	釀出版
製作發行	秀威資訊科技股份有限公司 114 台北市內湖區瑞光路 76 巷 65 號 1 樓 電話：+886-2-2796-3638　傳真：+886-2-2796-1377 服務信箱：service@showwe.com.tw http://www.showwe.com.tw
郵政劃撥	19563868　戶名：秀威資訊科技股份有限公司
展售門市	國家書店【松江門市】 104 台北市中山區松江路 209 號 1 樓 電話：+886-2-2518-0207　傳真：+886-2-2518-0778
網路訂購	秀威網路書店：https://store.showwe.tw 國家網路書店：https://www.govbooks.com.tw
法律顧問	毛國樑　律師
總 經 銷	聯合發行股份有限公司 231 新北市新店區寶橋路 235 巷 6 弄 6 號 4F 電話：+886-2-2917-8022　傳真：+886-2-2915-6275

出版日期	2021 年 12 月　BOD 一版
定　　價	350 元

讀者回函卡

Printed in Taiwan

國家圖書館出版品預行編目

我在日本的24 hr：街頭巷尾的常民生活日誌 / 陳威臣著. -- 一版. -- 臺北市：釀出版, 2021.12
面； 公分
BOD
ISBN 978-986-445-473-0(平裝)

1. 文化 2. 風俗 3. 社會生活 4. 日本

731.3 110008367